ひと目でわかる！
冷蔵庫で保存・作りおき事典

島本美由紀

講談社

はじめに

「冷蔵庫の中を見せてください」と突然いわれたら、みなさんはどう答えますか？ 「どうぞ」と快くいえる人は、そう多くはないと思います。

実は私もその1人でした。新婚当時のわが家の冷蔵庫は人様に見ていただくどころではない"超問題児"。買ってきた食材をとりあえずあいている場所に押し込んでいたので、庫内はいつもパンパンでした。どこに何を入れたのかわからなくなって、探し出すのに一苦労。二重買いはもちろんのこと、食材はすぐに腐らせてしまうし、庫内が汚れていても見て見ぬふり……ひどいものでした。

ただし、その原因は冷蔵庫ではなく私自身にありました。時間ばかりかかる家事をラクにしたい！ 手間とお金をかけずにおいしい料理を作りたい！ そう思って取りかかったのが、冷蔵庫の使い方の見直しです。「定位置を決める」「1ヵ所にまとめる」といった収納の工夫をする一方で、野菜や作りおきおかずの保存方法を見直し、1つずつ実践していきました。冷蔵庫の中が見違えたようにスッキリしていくにつれて、キッチンに立つ時間だけでなく食費のカットにもつながっていったのです。

家事は冷蔵庫を中心にまわっています。今ある冷蔵庫の使い方をちょっぴり変えるだけで、家事は劇的に変わります。ラク家事生活は、冷蔵庫のお片づけからスタート。まずは、「中を見せてください」のひと言に笑顔で「どうぞ」と答えられる冷蔵庫を目指しましょう。

料理研究家・
ラク家事アドバイザー　島本美由紀

ひと目でわかる！
冷蔵庫で保存・作りおき事典　もくじ

はじめに ……………………………………………………………………………………… 2

序章 Prologue　冷蔵庫のこんなことあるある ……………… 6

Part 1　知っているようで知らない「冷蔵庫の真実」

冷蔵庫には人生を幸せに導いてくれるパワーがある …………………… 8
役割を知って正しく使う冷蔵庫の基本情報 ……………………………… 10

Part 2　私のたどり着いた「冷蔵庫の正解」

"使いにくい冷蔵庫"が変身する3つのポイント
見える・まとめる・取り出せる ………………………………………… 12
見える冷蔵庫4つの法則 …………………………………………………… 14
まとめる3つの技術 ………………………………………………………… 16
取り出せる冷蔵庫3つの工夫 ……………………………………………… 19
すぐできる！　各部屋の使い方テクニック ……………………………… 22
冷蔵室上段／冷蔵室中段／冷蔵室下段／ドアポケット／
チルド室／野菜室／冷凍室

Part 3　お金が貯まって、家事がラクになる活用テク

食材を「しまう」→「使う」の前に「買い物」が大事！ ……… 34

よく使う食材の「ひと手間保存」活用表 ……… 36
昆布／煮干し／干ししいたけ／梅干し／塩蔵わかめ／キャベツ／しめじ
スライスチーズ／玉ねぎ／豆苗／長ねぎ／バター／パプリカ／ピーマン
油揚げ／ごぼう／鮭切り身／しいたけ／ソーセージ／大根／鶏挽き肉
にんじん／白菜／万能ねぎ／ピザ用チーズ／ほうれんそう／豚薄切り肉／ミニトマト

「ひと手間保存」スピードレシピ ……… 40
にんじんと卵の炒め物／大根とソーセージのスープ／ごぼうの肉巻き／鶏団子鍋

ちょっとここまで！　ゆでて冷蔵しておく「半調理保存」……… 42

いろいろ使えてアレンジがきく「半調理保存」活用表 ……… 44
いんげん／かぼちゃ／キャベツ／卵／鶏むね肉
ブロッコリー／ほうれんそう／もやし／「半調理保存」のアレンジレシピ

半調理保存の「おかずの素」で展開料理 ……… 48

野菜使い切りミックス「半調理保存」活用表 ……… 50
基本のベジタブルミックス／ラタトゥイユミックス／葉物ミックス
洋風ミックス／中華ミックス／味噌汁ミックス

節約＋家事ラクのW効果がうれしい「作りおき保存」……… 52

これがあれば安心！　彩り常備菜と日持ちするたれ ……… 54
彩り常備菜／日持ちするたれ

人気定番おかず　作りおき＆アレンジレシピ ……… 62
鶏のから揚げ／ハンバーグ／とんかつ／鮭の南蛮漬け／鶏そぼろ

保存食材で作りおき　活用＆アレンジレシピ ……… 64
みょうがの甘酢漬け／ブロッコリーのオイル漬け／しめじの卵炒め／簡単鶏チャーシュー

作りおきおかず冷凍保存のテクニック ……… 66

「モッタイナイ」はおいしいのもと・食材使い切りのテクニック ……… 68

小袋調味料がスッキリ片づくおいしいレシピ9選 ……… 72

長く・おいしく・使い切る冷蔵＆冷凍「道具」の事典 ……… 74

Part 4 冷蔵・冷凍保存＆活用事典

保存＆活用事典の見方 ……………………………………………… 76
家庭で冷凍した食材をおいしく解凍する5つの方法 ……………… 77
野菜 青じそ（大葉）〜れんこん ………………………………… 78
果物 アボカド〜レモン …………………………………………… 90
牛・豚・鶏肉・加工品 厚切り肉〜ハム・ベーコン …………… 92
魚介・海産物 いか〜干物 ………………………………………… 96
加工食品 厚揚げ（生揚げ）〜納豆 ……………………………… 100
卵・乳製品 牛乳〜ヨーグルト …………………………………… 102
主食 切り餅〜パン ………………………………………………… 104
おかず・おやつ おやつ〜和菓子 ………………………………… 106
保存の基本テクニック 冷蔵／冷凍 ………………………………… 108

Part 5 片づけ・掃除・メンテナンスの知恵袋

汚れる前に汚さない「予防掃除」で冷蔵庫を清潔に保つ ………… 110
「予防掃除」のローテーション ……………………………………… 110
ムリなく続く「片づけ」の知恵 ……………………………………… 112
ラクで手早い「掃除」の知識 ………………………………………… 114
冷蔵庫のお掃除レシピ「洗剤」と「道具」…………………………… 116
片づけ・除菌・消臭も一度にできる徹底掃除 …………………… 118
時間とお金が節約できる「メンテナンス」の効果 ………………… 122

Index 保存＆作りおき事典 50音順さくいん …………………… 124

序章 Prologue
冷蔵庫のこんなことあるある

冷蔵庫の使い方は百人百様なのに、ほとんどの人が同じような"悩み"を抱えています。冷蔵庫の"あるある"から、悩みの原因が見えてきます。

うちの冷蔵庫には「主（ぬし）」がいる！
干からびたきゅうり、霜でガチガチの冷凍挽き肉、「主」だらけで片づかない！

ブロッコリーに花
野菜室の奥でブロッコリーに花が咲いていた。いっそこのまま育てようか……。

保冷剤 vs. 小袋調味料

冷凍室は保冷剤、ドアポケットは納豆のたれや醬油の小袋でほぼ満杯。ほかの食材はほとんどないのに……。

作りおき保存の失敗
できたてで作りおきした肉じゃがとゆでブロッコリー。翌日の夕食にしようとふたを開けたらもう傷んでいた……どうして？

冷蔵庫に居座るもの ワースト5

1. 小袋調味料
2. 保冷剤
3. 干からびた野菜
4. 賞味期限切れのドレッシング
5. 霜のついた冷凍食材

序章 Prologue

冷蔵庫のこんなことあるある

なんでも冷蔵庫におまかせで安心!?

買い物から戻ると冷蔵庫に直行。とりあえず入れておけば安心でしょ！食材だけでなく、化粧品、宝くじやへそくりも！

汚れ？ そんなの見えません！

あいている場所に突っ込むのがクセ。汚れは見えても見えないふりでドアを閉めちゃう。

ビンとボトル

つくだ煮だと思われる謎のビンがごそっと。ドアポケットには、たぶんソースやたれを入れ替えた謎のペットボトル軍団。掃除する気が一瞬で消えた。

中身が見えない

容器もボトルも清潔な白で統一。おしゃれでスッキリ……と思ったのに、ふたを開けないと中身がわからない！時間とお金をかけた結果、こんなに使いづらくなるなんてガックリ。

Part 1 知っているようで知らない「冷蔵庫の真実」

ただ冷やすだけでなく便利な機能をたくさん備え、毎日の生活に欠かせない冷蔵庫。容量や各部屋の役割などを知って正しく使えば、ますます便利になって家事の負担を減らせるうえに、気になる電気代も大きく節約できます。

❄ 冷蔵庫には人生を幸せに導いてくれるパワーがある

「冷蔵庫に入れておけば安心」という気持ち、よくわかります。私自身も28歳で結婚したばかりの頃は、冷蔵庫は"とりあえずものを入れる場所"くらいに考えていました。でも、冷蔵庫の片づけに取り組むようになって生活が一新。家事の大部分を占めるキッチン仕事に費やす時間が減ることで精神的にも余裕が生まれ、あらゆることがいい方向へと動き出したのです。一人の主婦としてだけでなく、料理研究家、ラク家事アドバイザーという仕事のうえでも私をサポートしてくれたのが「冷蔵庫」。大げさではなく、冷蔵庫には人生を幸せに導いてくれるパワーがあります。

でも、その冷蔵庫パワーを引き出すのは自分自身。ものでいっぱいの冷蔵庫をどう片づけて、どんなふうに使いこなすかを知るだけでなく、冷蔵庫の役割をきちんと把握しておくことも大切です。冷蔵庫の正しい使い方や役割は、説明書を読んだだけでは理解しにくいもの。毎日使っていても意外と知らない「冷蔵庫の真実」を1つずつ解き明かしていきます。

稼働時間の割に電気代が安い

╋ 単独家電ではトップでも、年中つけっぱなしで年間電気使用量は全体の14%
╋ 1時間当たりの消費量は平均100W。衣類乾燥機（1500W）よりも小さい
╋ 家族構成や季節などによって電気使用量があまり変わらない

年間では冷蔵庫の電気使用量は、単独家電としてはトップになりますが、1時間当たりの消費量は平均100Wと家電製品の中では少なめ。冷蔵・冷凍による快適な食生活、食費の節約など総合的に考えると一年中つけっぱなしの割には電気代が高くありません。

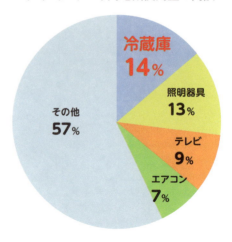

1世帯当たりの年間電気使用量の内訳

総合資源エネルギー調査会エネルギー基準部会（平成27年）資料より作成

電気代は大型冷蔵庫が実はお得

+ サイズ・価格と省エネ性能は比例する
+ 買い替え周期は10年が目安
+ 容量＜収納量で冷気の流れが効率アップ
+ 家族の人数よりやや大きめがポイント
+ 使い方の工夫でさらに節電できる
+ 新しい冷蔵庫ほど省エネ設計

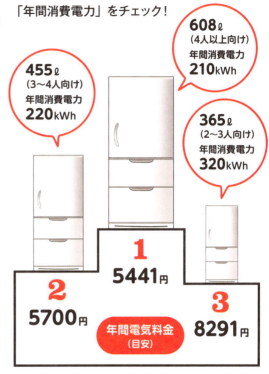

「年間消費電力」をチェック！

- 608ℓ（4人以上向け）年間消費電力 210kWh
- 455ℓ（3〜4人向け）年間消費電力 220kWh
- 365ℓ（2〜3人向け）年間消費電力 320kWh

年間電気料金（目安）
1位 5441円
2位 5700円
3位 8291円

※同メーカーの同時期発売モデルで比較。
1kWh（1時間当たりの消費電力）＝25.91円で計算

　一般に家電製品はサイズが大きいほど消費電力も大きくなりますが、冷蔵庫は例外。大型冷蔵庫は、価格が高いぶん省エネ性能にもさまざまな工夫が施され、年間電気使用量つまり電気代が小型より安くなる製品が大半。日進月歩の冷蔵庫は、10年前の製品と最新モデルを比較すると、同じサイズでも電気代はぐっと割安です。

節電の工夫をするほど相乗効果が大きくなる

+ 庫内の温度変化を防ぐ工夫が節電になる
+ 置き方の見直しだけでも節電効果あり！
+ ドアの開閉時間、回数を減らす工夫を
+ 出し入れしやすい収納方法も大事
+ 使い勝手のよさ＝節電効果＝家計の節約

まずは置き場所、置き方を工夫

- 上部をあける
- 壁との間に空間をつくる
- 後ろ 10cm以上
- 横 2cm以上

　使い方をちょっと工夫するだけで、冷蔵庫は節電できます。冷蔵庫と壁の間に少し空間をつくる、ドアを開閉する時間や回数を減らすなどどれも簡単ですが、常に電気を使い、頻繁に開け閉めするからこそ効果大。また庫内を適温に保つ使い方は、食材のムダを省いたり、調理の時短になったりと家計と家事の両面でいいことずくめです。

役割を知って正しく使う冷蔵庫の基本情報

　冷蔵庫は、食品の鮮度や風味を保つために各部屋が温度設定されています。何気なく使っていると意識しませんが、各部屋の適切な温度を知っておくと、食品を効率よく保存でき、収納量や夏と冬で温度を調節するなど節電することもできます。

冷蔵室

3〜6℃　すぐ使うものを低温保存する場所

一般的に、庫内のうちでも最もよく使う部屋。
食材、お惣菜など、すぐ使う食品や飲み物などを保存します。

メインで使う場所なのでついものを詰め込みがちですが、冷気の流れを妨げない工夫が大切。棚板で3〜4段に分けて使うのが一般的です。

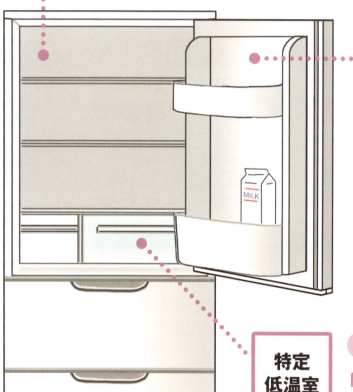

ドアポケット

6〜9℃

飲み物、調味料など

冷蔵室の一部ですが、ドアの開閉による温度変化で室温はやや高めに。日光が当たらない場所で冷えすぎない程度に冷蔵したい食品の保存に向いています。

ドアの開閉による温度変化と衝撃が避けられない場所なので、なるべく一時保存場所としての使用を。

特定低温室

0〜-3℃

肉・魚類などの生鮮食品の保存

メーカーによって名称や機能が多少異なり、代表的な「チルド室」は0〜-3℃の温度帯で肉や魚を凍る寸前の状態で保存。

パーシャル室は微凍結の状態で保存。チルド／パーシャル切り替え室や、一気に冷凍する「スピード凍結」機能なども。水分の多いものを入れると、凍ることがあります。

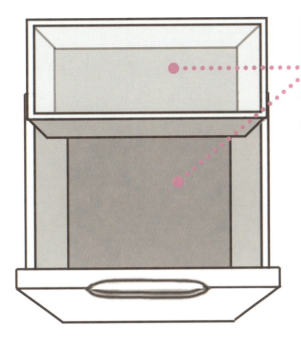

野菜室

5〜8℃

野菜や果物を鮮度よく保存

冷蔵室の温度帯では低温障害が起きてしまう野菜や果物を、適切な温度と湿度で鮮度を維持して保存できます。ドアポケットに収納できない大きなペットボトル飲料や調味料の保存にも便利。

引き出し式で庫内がスライド棚で2段に仕切られているのが一般的です。大きなもの、長いもの、葉物などさまざまな野菜を効率よく収納するには、仕切りを作る工夫が大事。

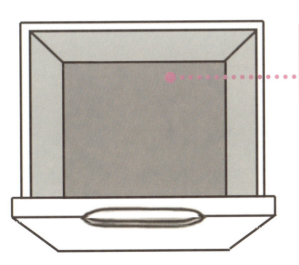

冷凍室

−18〜−20℃

冷凍食品や乾物の長期保存に

マイナスの温度帯で凍結して食品の長期保存ができます。アイスクリームや冷凍食品など市販品だけでなく、まとめ買いした食材や作りおきおかずなど冷凍保存に欠かせない機能です。

位置や独自の機能などメーカーやモデルによってさまざまなので、買い替えるなら、家族構成や自分の使い方に合わせて選びましょう。

しっかり使いこなせば冷蔵庫はもっと便利で役に立つ！

最新機種の便利な機能は魅力的ですが、冷蔵・冷凍の基本的な機能を備えていれば今ある冷蔵庫も十分に快適、家事に役立ってくれます。「ウチの冷蔵庫はなんだか使いにくい」と感じているなら、まずはいつもの使い方をチェック！ Part2では、食材もお金もムダにならない冷蔵庫の使い方のコツを各部屋ごとに紹介します。

Part 2

私のたどり着いた「冷蔵庫の正解」

冷蔵庫は使う人の暮らし方を映し出す"鏡"のようなもの。そこに気づいてから私の冷蔵庫との取り組みが始まりました。試行錯誤を重ねてたどり着いた「正解」は、家事ストレスから解放されるキッチンの極意でもあります。

❄ "使いにくい冷蔵庫"が変身する3つのポイント

　探しているものがなかなか見つからなかったり、野菜室のすみっこに萎びたきゅうりを発見したりするたびに「うちの冷蔵庫は使いにくい！」とため息をついていませんか？　頑張って作りおきしたおかずを冷蔵庫に入れたのに、翌日にはもう傷んでいる……冷蔵庫が古いから？　これから何か作るには時間も食材もない！　確かに冷蔵庫の使い勝手が悪いと、あらゆることに手間がかかって家事ストレスが募ってきます。でも、逆に考えると、冷蔵庫の使い勝手がよくなれば、キッチン仕事だけでなく家事と家計の負担減につながることに……。家事の効率アップの秘訣は「冷蔵庫」にあります。

　そもそも使い勝手が悪い原因は、冷蔵庫よりも自分自身。そこに気づいて、思いついたことを1つずつ実行しては取捨選択をくり返して、今の冷蔵庫の使い方にたどり着きました。使いにくい"うちの冷蔵庫"が劇的に変わる3つのポイントと、何をどうしまったらよいか、部屋ごとに具体的な使い方をご紹介します。

❄ 見える・まとめる・取り出せる

1 見える

　冷蔵庫の中がごちゃごちゃになる、ものが迷子になるのは、「見えない」ことが最大の原因です。収納量や保存場所を決めて、冷蔵庫を開けば何がどこにあるかがすぐ「見える」状態にすることで、保存した食材の残量が把握しやすく、ドアの開閉時間も減少し、食費と電気代の節約につながります。

＋必要なものがすぐ見つかる
＋冷却効率アップ、節電効果もあり！
＋作りおきおかずなどを目につく場所に置くことで使い忘れが激減

2 まとめる

　食材が迷子になるのを防止。保存期限や種類が同じもの、一緒によく使うものなどをカテゴリー分けし、場所を決めて収納します。

　保存した日付、開封日を書いておけば「見える」「取り出せる」の効果アップにも有効。残量や保存期限を把握でき、食材をムダなく活用できます。

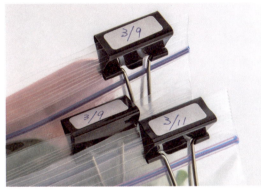

+ 残量や保存期限がひと目でわかり、使い忘れ、食べ忘れを防げる
+ 出し入れしやすい
+ むやみにものが散らばらない、庫内が片づく

3 取り出せる

　部屋ごと、保存場所、保存するものに応じた「市販グッズ＋工夫」で、今使っている冷蔵庫がもっと便利に。カゴやトレーを利用して、庫内の空間を活用することで使い勝手のよさがさらにアップ。ドアを開けたままものを探すことがなく、時短＆節約＆家事ストレス軽減につながります。

　取り出しやすいかどうかで、「見える」「まとめる」の効果が反映されているかもわかります。3つのポイントを実行してみたけれど、まだ取り出しにくいと感じるようなら一度見直しを。庫内整理のついででよいので、決めた場所に収納しているか、庫内の空間の使い方がうまくいっているかなど「見える」「まとめる」の現状をチェックしてみましょう。

+ 必要なものがすぐ取り出せる
+ 庫内の空間を効率よく活用できる
+ 「見える」「まとめる」の効果がわかる

Part 2　私のたどり着いた「冷蔵庫の正解」　"使いにくい冷蔵庫"が変身する3つのポイント／見える・まとめる・取り出せる

見える冷蔵庫4つの法則

冷蔵庫は、ものを「入れる」ためでなく「使う」ことを目的に保存しておく場所です。行方不明になったり、使い忘れたりするのは"なんとなく入れる"が習慣になっているから。どこに何が入っているかひと目でわかる「システム」を作っておけば、すぐに取り出せて探す手間もかからず、管理も調理もラク。ドアを開ければ、ものの所在がすぐわかる「見える」冷蔵庫を目指しましょう。

7割ルールで見える＆節電のW効果

冷蔵庫は、冷気を循環させてそれぞれの部屋の適温を保っています。ものを詰め込みすぎて吹き出し口が塞がれてしまうと冷気の循環が悪くなるうえに、庫内が暗くなってよく見えません。とくに保存の主力になる冷蔵室、冷凍室の収納は「7割」を意識すると、庫内がよく見えて、節電にもなります。

冷蔵室　7割以下でゆったり収納

冷蔵室の収納量は、全体の7割以下にとどめるようにします。見た目の大まかな感覚でかまいませんが、棚の横幅を3等分して、3分の1のスペースをあけるのが目安。冷気の吹き出し口、照明の前や近くにものを置かないようにします。

3分の1をあける　あいているところにものを入れてしまわないように、カゴやトレーを置いて最初に空間を仕切っておくと7割ルールがキープしやすい。

冷凍室　7割以上でしっかり収納

冷凍室は、ものが少ないと電気代が余計にかかります。7割以上のスペースを埋めたほうが、余分な電力を使わず、節電効果が高まります。

無造作にものを入れると、見た目はぎっしりでも、ムダな空間ができてものがさほど入らず、取り出すのも大変。仕切りを作る、立てる収納にするなど工夫してスペースを効率よく使いましょう。

中央をあけて見通しよく

たいていの冷蔵庫は、吹き出し口も照明もセンターについています。中央をあけておけば、庫内全体が見通せて、冷気の流れや明かりを遮ることもありません。

下段　7割ルールも維持

よく目につく、出し入れしやすい場所は、ものが溜まりやすい"危険ゾーン"。7割ルールを維持するうえでも、中央はあけるよう心がけて。

中身が見える入れ物を使う

容器は同じもので統一したほうが、スペースを効率よく使えます。下ごしらえして保存する食材や作りおきした料理を保存する容器は、透明プラスチックやガラス製がベター。中身がすぐわかるので、迷わず取り出せて、使い残し、食べ忘れも防げます。

"指定席"がある

保存場所を決めて、使ったあとは必ず定位置に戻す習慣をつけましょう。使い忘れや二重買いの防止、ストックの管理、掃除もラクにできます。

作りおき　うっかり食べ忘れ防止に

作りおきや常備菜は、よく目について出し入れしやすい場所に"指定席"を確保して、1ヵ所にまとめて保存。

まとめる3つの技術

今までの使い方を一気に変えるのは、手間と時間がかかって大変です。もし何から取りかかるか迷ったら、「まとめる」から始めてみましょう。野菜を種類別にまとめる、よく一緒に使うものをまとめる、見た目と感覚でものを大まかに分けるだけでもOK。新しいものを入れるついでに「まとめる」を意識して、見やすく、出し入れがラクになったと感じたら大成功です！

まとめ方 ジャンル分け収納でものの管理がラクになる

冷蔵室に保存するものは、量も種類も多いので、あまり細かくジャンル分けしないのがコツ。保存期限、タイミング、種類とかたちの3つに分けてみましょう。

1 保存できる期限で分ける

消費・賞味期限が長いものは、カゴやトレーにまとめて冷蔵室の上段や奥で保存。期限が短いものや開封後は日持ちしないもの、作りおきや下ごしらえした食材は、中段や下段、手前側など目が行き届きやすいエリアにまとめます。

2 使うタイミングで分ける

同じタイミングで使うことが多いものは、まとめておくと探す手間が省けて便利。たとえば、ジャムとバターなどの「朝食セット」、梅干しやふりかけと海苔の「お弁当セット」などカゴやトレーにまとめると、一度に出し入れできて冷蔵庫の開閉時間が短くすむので節電になり、残量もひと目でわかります。

3 種類やかたちで分ける

期限やタイミングで分けにくいものは、種類やかたちで大まかに分けるとよいでしょう。ドアポケットに入れるものは、種類にこだわらずボトル、チューブ、袋など容器のかたちでざっくり分けるのも一つの方法。ボトルは高さをそろえて1ヵ所に。散らばりやすいチューブや袋入りのものは、カゴ、ペットボトル、保存袋などを利用した「まとめる&立てる」でスッキリと収納できます。

○○なものは1ヵ所にまとめる

たとえば、小袋入りの醤油やたれ、保冷剤など捨てるのはもったいないと保存してあるもの。気がつくと量が増えて、冷蔵庫のあちこちに散らばっていることがよくあります。こうしたものは、保存する量を決めて1ヵ所にまとめ、入り切らなくなったら古いものから処分します。

小袋もの まとめてスッキリ。増やさない

知らないうちに増えて、けっこう場所を取る小袋もの。"指定席"を作るのはもちろん、小さなポケットラックやカゴなどを使った"すき間収納"で保存できる数を限定する工夫が大事。Part3では、小袋調味料の使い切りアイデアも紹介しているので、捨てる前にぜひ活用して！

開封日、保存日を書く

市販の食品や食材、作りおき保存するものを冷蔵庫に入れる際は、開封日や保存した日付を記しておきます。保存方法に「常温」と表記がある食品は、開封前なら冷蔵庫に入れる必要はありません。ただし、賞味期限は未開封の場合の期限であることが多いので、開封したらなるべく早く使い切りましょう。

消費期限 製造日から5日以内に品質低下が認められる食品や食材に表示。未開封で表示された方法で保存したとき、食べても安全な期限。期限を過ぎたら食べないほうがよい。

賞味期限 5日を超える長期の保存が可能な食品に表示。未開封で表示された方法で保存したとき、おいしく食べられる期限。期限を過ぎても、すぐ食べられなくなるということではない。

常温 15～25℃。「常温で保存」の表示がある場合、未開封で保存する際の目安の温度。

Part 2 私のたどり着いた「冷蔵庫の正解」 ❄ まとめる3つの技術

棚板は自在に使いこなす

　冷蔵室の中は、棚板で3～4段に仕切られています。冷蔵庫の容量によって高さや横幅は違いますが、奥行きはほとんど同じ。薄型タイプでも35cm前後と庫内は思いのほか奥行きがあって、横一列に並べるとものがあまり入りません。かといって適当に詰め込むと、奥のものは取り出しにくく、忘れられてしまいがち。適度な空きスペースを作りながら、奥までフルに活用するポイントは「棚板」です。

棚の仕様
メーカーや機種によって異なる調節機能

一般的なのは、棚受けが数ヵ所あって、間隔を調節できるタイプ。棚板をスライドできたり、たたんだりできるタイプは、手前を広くあけて使うことができます。
いずれにしても、冷蔵庫を使いやすくするには、棚板使いの工夫が大事。スペースをフルに使ってしっかり収納でき、ものの出し入れもラクになります。

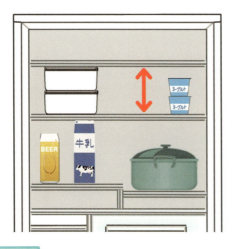

左右　棚板の間隔が調節できるタイプ

一番下の棚を外して、最下段に背の高いものや鍋など大きなものを置けるスペースを作る。中段は、保存容器や小ぶりな食品を重ね置きできる間隔を確保する。

前後　棚板がたためるスライドするタイプ

横から見た庫内

一番下の棚を奥行き半分にして、下段の手前は広く、奥は上下2段で使う。上段は、350mℓ缶が立てて入るほどの間隔に棚板を調整し、トレーやカゴを使って奥のものを出し入れしやすくする工夫を。

取り出せる冷蔵庫3つの工夫

　見えるからすぐ取り出せるし、ものがまとまっていると出し入れがラクになります。そこで、より取り出しやすく工夫することで、「見える」「まとめる」も実践しやすく、使いやすく、ものの管理がしやすい冷蔵庫が完成します。ものの置き方、置き場を変えるといった簡単なことで、取り出しやすさがグンとアップするので、ぜひ試してください。できることから一つずつ始めてみましょう。

冷蔵室最下段はフレキシブルに使う

　買い物をした直後、いただき物があったときなど一時的に収納量が増えることがあります。そんなとき、下段に空きスペースが作ってあると便利。一時的に増えたものの保存のほか、丸ごとのスイカを冷やしたり、たくさん作りおきした料理を小分けするまで鍋ごと入れておいたり、予備スペースとして役立ちます。

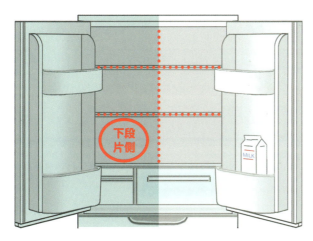

両開き
出し入れしやすいのは開けやすいドア側

同時に開けることは少なく、開けやすい側があるはず。頻繁に出し入れするものは、開けやすいドア側の下段から目線の高さまでにしまう。

下段片側 予備スペースは開閉の頻度が低いドア側に

予備スペースを設けるなら、よく開けるドアの反対側に。棚板がしっかりしている下段なら、鍋やスイカなど大きく、重いものを置いても安心！

片開き　下3分の2をメインに使う

よく目につくのは下から約3分の2のスペース、最下段から目線の高さまでを頻繁に出し入れするものの置き場に。

下段中央 常に中央をあけて予備スペースに利用

「中央をあける」は、7割ルールをキープしつつ、見通しよく、出し入れしやすい冷蔵庫にするポイントの1つ。いざというときは、予備スペースとしてしっかり活用して。

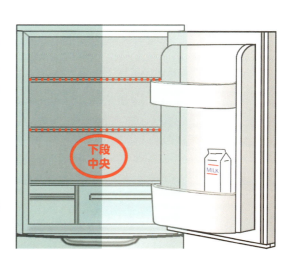

トレーを使って奥まで活用

庫内で「仕切り」に使うトレーは、手頃でサイズやかたちが豊富にそろっているプラスチック製がおすすめです。スッキリと見やすくものをしまうには、透明か半透明のトレーがベスト。場所と用途で深さやかたちの違うトレーを使い分けます。

横から見た庫内

上段
出し入れスムーズに

高い位置は前後に分けて使うと出し入れしにくいので、トレーやカゴを使うなら奥行きが棚と同じくらい、やや深めのものを。しまうものによってコンテナ、ケースなど"箱型"と組み合わせても。

下段
汚れ防止にも有効

頻繁に出し入れするものを入れておくスペースは、棚板の汚れを防ぐためにも保存容器やカゴ、トレー使いがマスト。用途と場所で使いやすいものを選んで。

中段　前後2列に置く

低めのトレーを前後2列で使うのが基本。奥に使うトレーをやや深めにすると、入れたものをまとめて取り出せて便利。

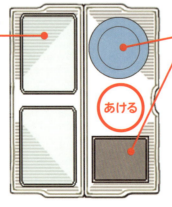

手前　薄型トレーで見通しよく

中段手前は、一緒に使うものをまとめた「セット収納」の置き場に。カゴを複数使う場合は、薄いトレーにのせておくと奥まで見通しがよく、出し入れするにもラク。

奥　トレーの使い分けでより便利に

奥に使うトレー選びのポイントは取り出しやすさ。ビンやボトルは、箱型よりも立てたまま欲しいものが取り出せる回転トレーが便利。
乾物類や顆粒だしなど袋入りのものには深型トレーを。用途別に「セット収納」しておけば出し入れも管理もラクにできる。

野菜室、冷凍室は「立てる収納」が基本

野菜は「上に重ねない」、食材を冷凍するときは「保存袋を薄くする」というのが、長くおいしく保存する秘訣。野菜室や冷凍室のようなケース型収納スペースでは、縦横の空間を効率よく使えるように「仕切り」を作って、立てて収納するのが鉄則です。

仕切り　ブックエンドが役にたつ！

野菜室、冷凍室で使う仕切りには、収納量によって間隔を自在に調整できるブックエンドがおすすめ。熱伝導率のよい金属製なら冷却効果アップも期待でき、冷凍室の仕切りに最適！

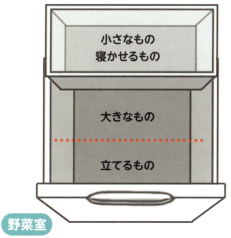

野菜室
適材適所の保存は仕切りで完成

かたちや種類がさまざまな野菜を上手に保存するコツは「仕切り」。葉物野菜はブックエンドや突っ張り棒を使って立てて収納。傷みやすい小さめの野菜は、箱型のカゴやコンテナに。

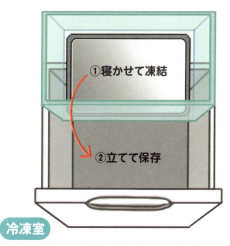

冷凍室
冷凍保存は"薄く&立てる"が基本

上段に置いたアルミトレーに食材を入れた保存袋を寝かせて凍結。下段をブックエンドや突っ張り棒で仕切って、凍結したものを用途や種類、保存日などで分類し、すき間がなるべくできないように立てて収納する。

ケース型収納　重ね置きはNG！

深さのある収納スペースでは上からものを重ねてしまいがち。野菜は、重みでつぶれたところからどんどん傷んでしまうので、重ね置きは厳禁！

すぐできる！ 各部屋の使い方テクニック

よそのお宅にうかがって冷蔵庫の中を見せていただくことがあります。私の場合は"仕事"なのでどなたも快く見せてくださるのですが、いきなり他人に冷蔵庫を開けられたら慌てますよね。

でも、「見える」「まとめる」「取り出せる」をかなえた冷蔵庫は、誰に見られても大丈夫。3つのポイントをどのように実践しているか、"うちの冷蔵庫"をじっくりご覧ください。

冷蔵室 上段

飲み物や保存期間が長い食品の置き場に利用

冷気は下に溜まりやすく、上段は下段より1～2℃温度が高めになります。位置的にも、頻繁に出し入れするものに向かないので、ボトルや缶入りの飲み物、開封前の日持ちする食品を置いています。

見える　まとめる

ドリンク類を冷やす&ストック

ワインボトルや大きなペットボトルも、口を手前にして寝かせて置けば収納できて、取り出すのも簡単。背の低い缶は、カゴにまとめると転がる心配もなく、仕切りとスペース活用の効果もあり！

まとめる　取り出せる

缶ビールは"コンビニ陳列"方式が便利

ビールやソーダの缶類を横向きに入れたカゴにもうひと工夫。カゴの底にダブルクリップをテープで貼って傾斜をつけると、1本取ると奥から缶が手前に出てくる"コンビニ陳列"に！

ダブルクリップはつまみの部分を伸ばして、留め金の背が奥に向くようにしてカゴの底に貼る。クリップを貼る位置がカゴの中央に近いほど傾斜もきつめに。

裏側に

`まとめる` `取り出せる`

保存がきく未開封の食品に限定

上段に置くのは、開封前の真空パックや乾物類など賞味期限が長い食品。使い忘れないように、バラバラに置かないでカゴにまとめておくのもポイント。開封後は、保存容器に入れ替えて中段の"使いかけ指定席"へ。

`見える` `まとめる` `取り出せる`

缶・ボトル類は背の高さで置き方を変える

背の高いボトルも奥行きを使って寝かせて置けるので、上段の棚板と天井の間隔は、ボトルの直径＋3cmほどあれば十分。そのぶん、ボトルを立てて収納できるくらいあけたいのが下段と中段の間。上段・中段の間隔は、350mℓ缶を立ててしまえる15cmを目安に。

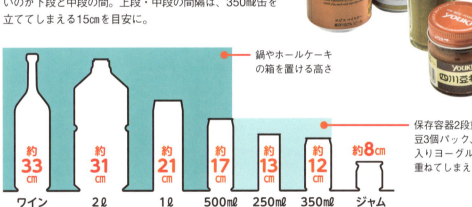

鍋やホールケーキの箱を置ける高さ

保存容器2段重ね、納豆3個パック、カップ入りヨーグルトを2個重ねてしまえる高さ

約33cm	約31cm	約21cm	約17cm	約13cm	約12cm	約8cm
ワインボトル	2ℓペット	1ℓ紙パック	500mℓ缶	250mℓ缶	350mℓ缶	ジャムビン詰食品

ワインボトルが転がってうまく収納できません

カゴに寝かせて上段に置きましょう。ちょうどよいサイズやかたちのカゴが見つからないときは、クッション性のあるパッキング材やカットした滑り止めマット、果物の包装ネットを巻いても。

冷蔵室中段

日常的によく使う食品の保存エリア

出し入れしやすい位置ですが、詰め込みすぎると、冷気がうまく循環せずにムダな電気代がかかってしまいます。場所を決める、用途別にまとめるなどの工夫で空間にゆとりを持たせた収納を心がけましょう。

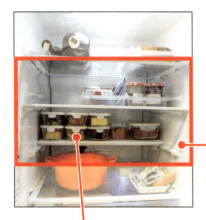

見える　取り出せる

棚は半分折り曲げて手前を広くあけて使う

奥行き調節ができる棚板なら半分に、高さ調節のみのタイプは上下の空間が広くなるように設定して。手前にあけた空間は、鍋やケーキの箱、スイカなどを置く予備スペースに。あえて収納量を減らすことで詰め込みすぎが防げて「7割ルール」を無理なくキープ。

見える　まとめる

作りおきおかずは透明容器に

おいしいうちに食べたい、使い忘れたくない作りおきおかずは透明容器に入れて、中段でもとくに目につく場所を"指定席"に。透明容器で統一すると中身がひと目でわかり、重ね置きでスペースが効率よく使える。

見える　まとめる

短期間で使い切る食品は包装のままでも

温度が安定している中段は、日常的によく使う食品をいかに効率よくしまうかの工夫が大事。統一した容器に移し替えるのも1つの方法だけど、そのまま使ったほうがよい場合も。たとえば、しっかりした容器に入っている味噌や漬物なら、容器の洗浄や移し替えの手間なしでしっかり使い切れる。

| 見える | まとめる | 取り出せる |

迷わず取り出せるから
忙しいときほど効果発揮！

ジャムとバターとチーズの「朝食セット」、つくだ煮、鮭フレーク、海苔などの「お弁当セット」といった、一緒に使うものをトレーにまとめておくと本当に便利。必要なものがすぐ見つかって、一度に取り出せるから手間と調理の時短、電気代の節約にも！

★冷気の循環が大切！

| 見える | まとめる | 取り出せる |

吹き出し口を塞がない空間使いで
食品や作りおきもおいしく保存

最初はスカスカに感じても、続けていけば必ず効果を実感できる「7割ルール」。冷気がうまく循環すると食品はよりよい保存状態に。また、見通しがよいので在庫を把握しやすく、冷蔵庫にあるもので献立を考える余裕が生まれ、食べずに捨てる"食品ロス"の削減効果あり！

Part 2 私のたどり着いた「冷蔵庫の正解」 ❄ すぐできる！ 各部屋の使い方テクニック／冷蔵室中段

冷蔵庫使いこなしQ&A

空になった保存容器はどこにしまう？

　保存容器はけっこうかさばるので、むやみに数を増やすと冷蔵室の中がいっぱいになり、空の容器をしまう場所にも困ります。まず冷蔵室で使う容器は、決めた場所に収まる数だけ持つように心がけること。中身を使い切ったら、容器はきれいに洗って、空のまま冷蔵室の定位置に戻して。こうすれば、容器のしまい場所に困ることなく、冷蔵室の空間維持をするのもラク。空の容器が増えたら、作りおきをするタイミングです。献立作りや買い物の計画をたてましょう。

25

冷蔵室下段 — 日常の保存から一時置き場まで多目的に活用

ふだんは何も置かない"フリースペース"を作っています。鍋や下ごしらえのボウル、スイカ、ケーキの箱など大きなもの、留守中の家族の食事や子どものおやつなどの一時置き場として活用できます。

見える / **まとめる**

下段は広めにあけて予備スペースにする

全体がスッキリ見えて「7割ルール」が維持しやすくなる効果も。鍋やボウルなどが入るように、計画的な空間作りが大切。

見える / **まとめる** / **取り出せる**

早く使うもの専用のケースを置く

下段にいつも置いてあるのはケース1個。ここは、使いかけの食品や時間の経った作りおきなど"早く使うもの"専用に。

冷蔵庫使いこなし Q&A

いつもちょっぴり残る調味料を使い切るアイデアは？

マヨネーズと合わせてディップにしては？＋ゆず胡椒なら和風、＋コチュジャンで韓国風、＋スイートチリソースでタイ風に。さっと混ぜて余り野菜に添えるだけで1品完成です。

長くおいしく食い切る 冷蔵庫ラボ

卵

- ＋尖ったほうを下向きに置く
- ＋サルモネラ菌が殻に付着している可能性があるので、常温保存は避ける
- ＋パックごと冷蔵室で保存がベター
- ＋割れた卵は生で食べない

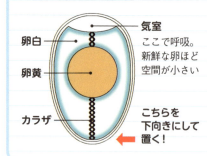

- 気室：ここで呼吸。新鮮な卵ほど空間が小さい
- 卵白
- 卵黄
- カラザ
- こちらを下向きにして置く！

ドアポケット

温度変化に強いものだけを置くエリア

ドアを開け閉めするたびに振動と温度変化が大きい場所。重いもの、日持ちしないものには向きません。短期間で使い切るものや、日持ちするものだけを保存しましょう。

まとめる　取り出せる

ドアポケットは飲み物よりも調味料向き

開閉時の振動で炭酸が抜けるため飲みかけの炭酸飲料やビールの保存場所には不向き。調味料を用途、種類などでラックごとにまとめておけば出し入れも使うにも便利！

見える　まとめる　取り出せる

並べ方は見た目より使用頻度で！

使っていくうちに、量が減って容器が変形するものが多く、見た目よく収納することが難しい調味料。統一した容器に入れ替えるよりも、容器はそのまま使ったほうが手間なく、探すにもラク。配置も使用頻度を優先。背が高いからとよく使う醬油を後ろに置くと出し入れしにくいので、よく使うものを手前に並べて。

見える　まとめる　取り出せる

調味料には「賞味期限」ではなく「開封日」を書く

手製のソースやたれの残りを保存する際は「作った日」、市販の調味料は「開封日」を書いたラベルを貼って保存。市販の調味料に表示された「賞味期限」は未開封の保存期間なので、開封後はなるべく早く使い切るよう心がけて。開封日を書くことで早く使い切ろうという意識が生まれ、賞味期限切れの居残り調味料がなくなって冷蔵庫の中もスッキリ！

見える　まとめる　取り出せる

使いかけの乾物はクリップで留める

たまにしか使わない干しえび、小パック入りのかつお節など、乾物類の使いかけは、つい奥に入れてしまいがち。開封口を折ってドアポケットのラックにクリップで留めて、開けるたびに目につくようにしておけば使い忘れを防止できる。

`見える` `まとめる` `取り出せる`

小さめ容器で数を制限
小袋調味料は1ヵ所にまとめる

いつの間にか溜まる"小袋調味料"は、ラックに引っ掛けられるケースを使って定位置&数量限定で保存。取っておくなら活用できる"使い道"を考えることも大切。

`見える` `取り出せる`

袋入りも立ててスッキリ

収納量によって位置を変えられるブックエンドはドアポケットでも大活躍。立ててしまいにくい袋ものも取り出しやすく収納できる！

`見える` `まとめる`

チューブ調味料はペットボトルに立てる

チューブ類はペットボトルをカットしたスタンドにひとまとめ。小さなチューブは迷子になりやすいので、使ったら必ず戻す習慣をつけて。マヨネーズは空気が入らないように口を下向き、ケチャップは水分が溜まると固まりやすいので、口を上に向けて立てる。

調味料　長くおいしく使い切る 冷蔵庫ラボ

+ 容器の表示は、未開封の状態での賞味期限、保存方法が原則
+ 開封後の保存方法の表示があれば従う。ない場合は、冷蔵が基本
+ 冷蔵室より野菜室が保存に適している調味料もある
+ 調味料の多くは冷気の当たらないドアポケットが保存に適している

開封後は冷蔵庫で保存するとよいもの
ケチャップ／ソース／醤油／合成酢／ポン酢／マヨネーズ（野菜室）／味噌（冷凍室）／めんつゆ
※（　）内は冷蔵室以外で保存できる場所

開封後も常温保存でよいもの
密封容器の醤油／醸造酢／本みりん

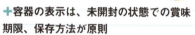

冷蔵庫使いこなし **Q&A**

ドアポケットの使い方で気をつけることは？

通常は6〜9℃に保たれているドアポケットの温度は、開閉の頻度や時間で大きく変わります。夏場だとちょっと開けっ放しにしただけで15℃くらいまで上がることも。温度変化の影響を受けやすい牛乳や卵をドアポケットに入れておくなら、早く使い切るように心がけてください。

| チルド室 | ## 解凍スペースとしても活用を
ふたが付いているチルド室は冷気が逃げにくいので生鮮食品の収納、解凍スペースとしても最適。しまっておきたいものがたくさんありますが、背面から冷気が出ているので詰め込みは厳禁です。 |

見える **まとめる**

チルド室の仕切りは浅いカゴ1つで

小さなスペースは、細かく仕切るとかえって使いづらくなるので気をつけて。チルド室に仕切りをつけるなら浅めのカゴ1つでOK。ここには、ハムやソーセージ、練り製品などをまとめて。

見える **取り出せる**

食材はずらし置きをする

省スペースで見やすくしまうコツは「ずらし置き」。トレー包装の肉や魚は、ずらして重ね置きしておけば、見やすくてかさばらない。

パーシャル室との違いは?

チルド室より低温のパーシャル室で保存すると鮮度がより長持ち。半凍結された食材は、解凍いらずでサクッと切れる。

発酵食品

長くおいしく使い切る 冷蔵庫ラボ

+ 発酵食品は、チルド室（0℃前後）で発酵を遅らせることで長期保存が可能になる
+ 漬物やキムチは、酸味も抑制されておいしくなる
+ 水分が多いものはチルド室での保存に向かない
+ もやし、ゆで麺の保存にも最適

チルド室で保存するとよいもの
納豆／味噌／漬物／キムチ／ヨーグルト／生クリーム／もやし／ブロッコリー／ゆで麺

チルド室に入れないもの
マーガリン／ビール

冷蔵庫使いこなし Q&A

チルド室の活用法を教えて！

ホームフリージングした食材の解凍、調理の下ごしらえに活用して。天ぷらの材料や衣、下味をつけた鶏肉、衣をつけたとんかつなど、揚げる直前までチルド室で冷やしておくと温度差でカラッと揚がります。

揚げ油と温度差が大きいほど衣の水分が激しく沸騰して大きな気泡ができ、軽く、薄く、サクッとした衣に！

Part 2 私のたどり着いた「冷蔵庫の正解」 すぐできる！各部屋の使い方テクニック／ドアポケット／チルド室

| 野菜室 | 乱雑になりがちだからこそスッキリしまう工夫を |

野菜は価格の変動が激しいので、安くなったときについたくさん買ってしまう人も多いはず。種類もかたちもさまざまな野菜を長持ちさせて、しっかり使い切るために野菜室の使い方を工夫しましょう。

`見える` `まとめる` `取り出せる`

上段は小さい、日持ちしない、傷みやすいものの優先席

野菜の収納は「上に重ねない」が鉄則。引き出し式のケースになっている上段は、小さくて傷みやすいもの、水分が多くて日持ちしないものをしまう場所に。乾燥しやすい野菜は、新聞紙で包む、ポリ袋に入れるなど適した状態で保存することも忘れずに。

`見える` `まとめる`

使いかけ、半端野菜は1ヵ所に

使いかけ、半端に残った野菜も捨てずに1つずつラップで包むか保存袋に入れるなどして上段で保存。カゴにまとめておけば目につきやすく、使い忘れを防げる。

野菜

+ 野菜は生長した環境に近い状態で保存すると長持ちする
+ 夏野菜は10℃前後が適温。1週間以上保存するときは野菜室で保存する
+ カットした野菜は劣化しやすいのでラップや袋に入れて保存
+ 原産地が熱帯・亜熱帯の野菜・果物は常温保存がよい

低温障害を起こしやすいおもな野菜
かぼちゃ／きゅうり／さつまいも／里芋／じゃがいも／玉ねぎ／なす／ピーマン

冷蔵庫使いこなしQ&A

かさばって場所をとる野菜を保存するコツは？

大まかに用途を決めて、使いやすいかたちにカットして保存袋に入れて野菜室上段で保存します。かさばらず、3〜4日の保存に便利。たとえば、しめじは根元を切ってほぐす、パプリカは細切り、キャベツはざく切りにしておくといろいろな料理に使えます。

見える **まとめる** **取り出せる**

下段は底にポリ袋と新聞紙を敷く

野菜クズや土汚れが溜まりやすいので、下段には、底全体を覆えるサイズのポリ袋と新聞紙を重ね敷きする。こうしておけば、野菜を衛生的に保存でき、掃除もラクに。

見える **まとめる** **取り出せる**

細かい仕切りは不要
4分の1あけるくらいにゆったり使う

下段は、細かく仕切らずに、4分の1くらい空きスペースを作るのが理想的。買い物をしてものが増えたとき、丸ごとの白菜、キャベツ、ペットボトルといった大きなものを入れておきたいときなどの"予備スペース"に活用して。

まとめる **取り出せる**

葉物野菜を立ててしまう2つの工夫

葉物野菜は、野菜室の手前に立てて収納するのがベスト。簡単なのがカットしたペットボトルを使う方法。突っ張り棒を取りつけて、間に立てかけるという方法もおすすめ。長くてそのまま立てて入れられないものはカットして保存。すぐに使う予定がない場合は、早めに冷凍する。

冷蔵庫使いこなしQ&A

他にどんなものが保存できますか?

開封後の醤油、酒、ソースといった調味料類も、深さがあって温度の低すぎない野菜室がおすすめ。常温よりも味が落ちずに長持ちします。スペースに余裕があればお米の保存場所にも。野菜室で使うお米専用の保存容器がありますが、ペットボトルやマチ付き保存袋でもOK。スペースを効率よく使える、深さのある容器を選びましょう。

冷凍室

使い切り、時短調理など活用するほどメリットあり！

冷蔵室とは反対に、ぎっしりと詰まっていたほうが冷気が逃げにくく、効率がよくなります。ホームフリージングで食品ロスもカット。献立作り、調理の時短など冷凍室は活用するほどメリットの多さを実感できます。

見える　まとめる
アルミシートを敷く

下段の底、上段のトレーにも熱伝導性の高いアルミシートを敷いておく。室内の保冷、乾燥防止に加えて、凍結スピードを速める効果あり！ 急速冷凍機能がない冷蔵庫でも、素早く凍結、しっかり冷凍の快適ホームフリージングが可能に。

見える　まとめる
小分け冷凍は上段に一括

開閉による温度変化に影響されやすい上段には、小分けした薬味、1食分のごはんなど細々したものやよく使うものを。アイスクリームのようにとけやすいもの、長期保存するものは、下段に入れる。

> **長くおいしく使い切る 冷蔵庫ラボ**
>
> ## アルミ製品
> ＋熱伝導率は鉄の約3倍
> ＋凍結スピードが速くなる
> ＋保冷効果が高まる
> ＋水分や空気を通しにくい性質があり、庫内の乾燥を防ぎ、適度な湿度を保つ

見える　取り出せる
ダブルクリップの背に日付を書く

保存袋には、日付を記したダブルクリップをつけて。シールを貼り替えるだけでクリップと袋はくり返し使えるうえに、袋に直接書くよりも見つけるのが簡単。

まとめる　取り出せる
アルミトレーに寝かせて早く、薄く、平らに凍結

素早く凍結が"命"のホームフリージングでは、アルミトレーが必須アイテム。食材を入れた袋をアルミトレーに寝かせて凍結させると、細切り野菜も肉も立てて保存できて、解凍にも時間がかからない。

見える　取り出せる
使いかけは袋に入れて

開封した冷凍食品は、乾燥を防ぐために冷凍用保存袋に包装ごと入れる。大きな箱や個包装のものは、包装の賞味期限や解凍方法が書かれた部分を切り取って、袋に一緒に入れておく。

見える **まとめる** **取り出せる**

下段を保存の主力スペースにして容量の7〜9割をしっかり使う

収納量が多いほうが冷却効率がよい冷凍室は、最低でも容量の7割以上、多いときで9割を目安に使う。深さのあるスペースでは上にものを重ねると取り出しにくいので、立てる収納が基本。上段のアルミトレーで、薄く平らに凍らせた保存袋をなるべくすき間ができないように立てて並べる。

見える **取り出せる**

ブックエンドで仕切る

カゴは収納量の増減で調整しにくいので、下段で使う仕切りはブックエンドが便利。冷却効率アップにもつながる金属製のものを選んで。

見える **取り出せる**

箱→袋でスッキリと

個包装で箱入りのものは、ふたを開けて保存。中身が少なくなったら箱はかさばるだけなので、袋に入れ替えて。

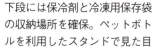

見える **まとめる** **取り出せる**

保冷剤＆保存袋も！

下段には保冷剤と冷凍用保存袋の収納場所を確保。ペットボトルを利用したスタンドで見た目スッキリ、使うにも便利！

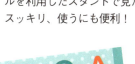

冷蔵庫使いこなしQ&A

カレーやパスタソースを冷凍すると容器に色移りするのが気になります

色やニオイ移りが気になるものは、牛乳パックで作った"容器"で冷凍するとよいでしょう。洗って乾かした牛乳パックを縦半分くらいにカットして、さらに四隅に上から半分くらいまで切り込みを入れます。十分に冷ましたカレーやソースを注いで、切り込み部分を折りたたんでふたをしたら輪ゴムをかけて冷凍室へ。解凍するときは、牛乳パックから取り出して鍋に入れ、シャーベット状にとけてから加熱します。急いでいるときは、耐熱容器に移して、電子レンジで加熱調理しても。

Part 3 お金が貯まって、家事がラクになる活用テク

ことさら節約を意識しなくても"お金が貯まる"＆時短調理で"家事ラク"は、ちょっとしたコツで同時にかないます。食材をムダにせず、しかもラクに調理できる「活用テクニック」で、あなたも暮らしの達人に！

食材を「しまう」→「使う」の前に「買い物」が大事！

「冷蔵庫」と「買い物」はつながっています。買い物が上手になれば、冷蔵庫のきれいをキープするのも簡単。そして「買い物」とガッチリ結びついているのが「食費」です。いつもスッキリと片づいているということは、冷蔵庫に余計なもの、使い切れないままのものがないということ。ムダが省ければ出費も確実に減らせます。

冷蔵庫の中を片づけても片づけても、またものが溜まってしまう。そんなときは、自分の買い物のしかたを見直しましょう。その人の性格や家族構成、住んでいる地域によって買い物のしかたは違っても、冷蔵庫の中が片づかない、食材を使い切れない理由は同じ。必要以上に「買い過ぎ」ているからです。

Part 3のテーマは、冷蔵庫と食材の「活用テクニック」。「冷蔵庫」を節約と家事ラクにつなげる初めの一歩になるのが「買い物」です。

食費は「月5週制」で気持ちにゆとり、お金も貯まる！

1ヵ月の食費を決めて、予算内でまかなうよう心がけると買い過ぎが防げます。予算は、月単位でなく週単位、それも1ヵ月を「5週」にするのがポイントです。

2月は28日か29日ありますが、その他の月は30日か31日なので、月4週で週単位の食費を設定すると予算内で収まっても「くり越し」は常にゼロ。月5週で考えて、週ごとの予算内でやり繰りすれば、毎月必ず「くり越し」が出ます。週単位の予算額は「4週」の場合より少ないのですが、これが買い過ぎ防止に効果あり！　むしろ5週制だと31日ある月でもゆとりができて得した気分。食費にかけるお金は収入や家族構成で違っても、個々の予算に応じた節約がムリなく確実にできる方法です。

1ヵ月5週制でこんなにお得！

2人以上の世帯の食費
月平均5万6717円
月約6万円で予算を週単位で設定すると

4週制 1万5000円	5週制 1万2000円
約2142円／1日	約1714円／1日
年間 78万1830円	年間 62万5610円

1年間で 15万6220円 貯まる！

資料：総務省統計局　平成27年「家計調査報告・家計収支編」

冷蔵庫と食材をフル活用できる買い物指南

買い物前に在庫をチェックする

冷蔵庫に今何があるのかを把握するために、買い物に行く前に必ず在庫チェックをしましょう。前回買って使い切れなかった食材で何か作れないか、食品ストック庫の缶詰や乾物を組み合わせてもう1品できないか、在庫を確認しておくと献立も浮かびやすく、二重買いも防げます。

在庫を確認しながら献立を考える

何も考えずに買い物に行くと、つい余計なものを買ってしまい、時間もかかります。肉や魚といったメイン料理から決め、バランスを見て副菜まで考えておきましょう。いつも買い物は仕事帰りで、献立を考える余裕がないという人は、常備菜が作ってあれば副菜を考える必要がなく、アレンジの幅も広がります。

食べ切れる量だけ買う

輸入食材を扱う大型スーパーが人気。大容量でお得なのはうれしいのですが、雰囲気にのまれて食べ切れない量の食材、使い切れないサイズの調味料などを購入していませんか？「徳用」の文字にとびつく前に、それが自分の家の「適量」かを考えて。少し割高でも、食べ切れる、使い切れる量やサイズのほうが結果的にお得な場合も。

お腹と気分を満たしておく

空腹時や疲れているときに買い物をすると、つい必要以上にものを買ってしまいます。買い物に行くなら食後がおすすめですが、まずは気分に流されないように、出かける前にあめやクッキーを食べておくのもよいでしょう。

買ったものは持ち帰らずに、宅配を利用しても。金額によって無料サービスを実施しているスーパーも増えてきました。帰りに銀行に寄ったり、映画を観たりと、手ぶらなら買い物後の時間を楽しく、有効に使えます。

買い物リストを持って行く

時間に余裕があれば、リストは2ステップで書いて。まず、必要な食材をメモします。次に、リストの食材を買う順番に並べ替えます。

たとえば、いつも行くスーパーの売り場が、野菜・肉・魚・乳製品の順に並んでいたら、そのまわる順番に食材のリストを書き直すか、横に番号をふっていくだけ。複数のスーパーやそれぞれ別の店で買う場合は、生鮮食品を順番の最後に。購入順に並べるひと手間でムダなく、効率よく、買い物ができます。

Part 3 お金が貯まって、家事がラクになる活用テク ❄ 食材を「しまう」→「使う」の前に「買い物」が大事！

よく使う食材の「ひと手間保存」活用表

食品	保存方法
常温の冷暗所で保存する	
昆布	開封して、5〜10cm長さに切って保存容器に入れる。
煮干し	開封して、頭とわたを取ってから保存容器に入れる。
干ししいたけ	開封して、軸を折ってから乾燥剤を添えて保存容器に入れる。
冷蔵室で保存する	
梅干し	【冷蔵】種を取り、一緒に入れる。 種も捨てずに保存しておくと、醤油や酢に漬けて梅風味にしたり、めんつゆを温めるときに加えたりして使える。
塩蔵わかめ	【冷蔵】開封して、塩がついたまま食べやすい長さにカットして保存容器に入れる。 使うときは、水洗いしてよく水けを絞る。
キャベツ	【野菜】洗ったらざく切りにして水けをきって保存袋に入れる。 保存は3〜4日。
しめじ	【野菜】根元を切ってほぐして保存袋にまとめる。 保存は3〜4日。

Part 3 お金が貯まって、家事がラクになる活用テク ❄ よく使う食材の「ひと手間保存」活用表

冷蔵室で保存する

食品	保存方法
スライスチーズ	**チルド** 包装から出して保存袋に入れ替える。 包装のままにしていると乾燥しやすいので注意。包装がファスナー付きのものはそのままでもOK。
玉ねぎ	**野菜** 皮をむいて保存袋に入れる。 保存は10日。多めに切って余った分は冷凍用保存袋に入れて冷凍するとよい。
豆苗	**野菜** 根元を切って水にさらしてから保存袋に入れる。 保存は3～4日。根つきで袋詰めのまま開封していない場合は、根を下にして立てて保存する。
長ねぎ	**野菜** 斜め切りにして保存袋に入れる。 保存は3～4日。青い部分は、鶏がらスープや煮魚などを作るときに利用。
バター	**冷蔵** 一口大にカットしてバターケースなど保存容器に入れる。 容器はガラス製がおすすめ。1ヵ月以上使う予定がない場合は、未開封のまま冷凍すると長期保存できる。
パプリカ	**野菜** へたと種を取って細切りにして保存袋に入れる。 保存は3～4日。
ピーマン	**野菜** へたと種を取って乱切りにして保存袋に入れる。 保存は3～4日。

37

冷凍室で保存する（保存の目安は1ヵ月）

食品	保存方法
油揚げ	使いやすいかたちに切って冷凍用保存袋に入れる。1時間後に袋ごと振るとくっつかない。
ごぼう	細切りや斜め切りにして、水にさらしてから水けをよくきって冷凍用保存袋に入れる。1時間後に袋ごと軽く振るとくっつかない。
鮭切り身	表面の水けを拭いて、1切れずつラップで包み、冷凍用保存袋に入れる。
しいたけ	石づきを切り落とし、カサと軸に分けて冷凍用保存袋に入れる。
ソーセージ	そのまま冷凍用保存袋に入れる。 袋入りやパック包装されている場合も、包装から出して冷凍用保存袋で冷凍する。
大根	乱切りにして冷凍用保存袋に入れる。1時間後に袋ごと軽く振るとくっつかない。
鶏挽き肉	包装トレーから出して保存袋に入れ、袋の上から箸で使いやすい量ごとに筋をつける。 凍ったまま、袋につけた筋のところでパキンと折って取り出せる。

Part 3 お金が貯まって、家事がラクになる活用テク ❄ よく使う食材の「ひと手間保存」活用表

冷凍室で保存する（保存の目安は1ヵ月）

食品	保存方法
にんじん	細切りにして冷凍用保存袋に入れる。1時間後に袋ごと軽く振るとくっつかない。
白菜	ざく切りにして冷凍用保存袋に入れる。 かさばる白菜は、1週間以内に使い切れないようなら購入当日に冷蔵、冷凍に分けて保存したほうがよい。
万能ねぎ	小口切りにして冷凍用保存袋に入れる。くっつきやすいので、1時間後に袋ごと軽く振る。
ピザ用チーズ	包装から出して、冷凍用保存袋に入れ替えてすぐに冷凍。1時間後に振ると固まらない。
ほうれんそう	水洗いして、よく水けを拭いてから生のままざく切りにして冷凍用保存袋に入れる。
豚薄切り肉	包装トレーから出して、使いやすい枚数に分けてラップで包み、冷凍用保存袋に入れる。 1人分は4～5枚が目安。
ミニトマト	へたを取って冷凍用保存袋に入れる。

「ひと手間保存」スピードレシピ

新鮮なうちに「ひと手間保存」した食材を、できるだけ早いうちに使っておいしい料理を作りましょう。すぐ使えるから調理もスピードアップ。忙しい朝の食事やお弁当のおかず、家族で囲む鍋物などおいしくて使い切りに役立つレシピをご紹介します。

にんじんと卵の炒め物

材料（2人分）

冷凍にんじん（細切り）	1本分
溶き卵	2個分
ごま油	小さじ1
いり白ごま	適量
A 砂糖	小さじ1
醤油	小さじ1
酒	小さじ1
顆粒和風だし	小さじ1/4

冷凍にんじん（P39）

作り方

❶ フライパンにごま油を入れ熱し、冷凍にんじんを炒める。
❷ Aを加えて軽く煮たら、溶き卵を加え炒め合わせる。
❸ 器に盛り、いり白ごまをふる。

大根とソーセージのスープ

材料（2人分）

冷凍大根（乱切り）	300g
冷凍ソーセージ	4本
冷凍ミニトマト	6個
冷凍万能ねぎ（小口切り）	適量
A 水	カップ2
顆粒鶏がらスープの素	小さじ2

冷凍大根（P38）
冷凍ソーセージ（P38）
冷凍ミニトマト（P39）
冷凍万能ねぎ（P39）

作り方

❶ 鍋にAを入れ火にかける。
❷ 沸騰したら冷凍大根、冷凍ソーセージを加え、ふたをして中弱火で10分ほど煮る。
❸ 冷凍ミニトマトを加えてひと煮し、器に盛り、冷凍万能ねぎを散らす。

ごぼうの肉巻き

材料（2人分）
冷凍豚薄切り肉	6枚
冷凍ごぼう（細切り）	100g
片栗粉	適量
ごま油	大さじ½
キャベツ、トマトなど つけ合わせ野菜	各適量
A だし汁	大さじ1
醤油	大さじ1
みりん	大さじ1
砂糖	大さじ1

冷凍豚薄切り肉(P39)

冷凍ごぼう(P38)

作り方
❶冷凍豚薄切り肉は解凍し、1枚ずつ広げて冷凍ごぼうをのせて巻き、片栗粉をまぶす。
❷フライパンにごま油を入れ熱し、❶の巻き終わりを下にして中火で焼く。
❸焼き色がついたらふたをして、弱火で2〜3分蒸し焼きにし、Aを加え煮からめる。
❹器にキャベツ、トマトなどつけ合わせ野菜と❸を盛る。

鶏団子鍋

材料（2人分）
冷凍鶏挽き肉	200g
冷凍白菜	¼個分
冷凍しいたけ	2枚
冷凍小松菜	½束分
A 長ねぎ（みじん切り）	5cm分
酒・醤油・片栗粉	各大さじ½
塩・胡椒	各少々
B 水	カップ3
顆粒鶏がらスープの素	大さじ1
薄口醤油・塩	各小さじ⅓
にんにく（すりおろし）	1かけ分

冷凍鶏挽き肉(P38)

作り方
❶ボウルに解凍した鶏挽き肉とAを入れ、粘りが出るまで混ぜる。冷凍しいたけは凍ったまま薄切りにする。
❷鍋にBを入れ煮立て、❶の鶏団子のたねをスプーンですくい、かたちを整えて鍋に落とす。
❸アクを取り、冷凍白菜、冷凍しいたけ、冷凍小松菜を加え、野菜に火が通るまで煮る。

❶

冷凍白菜(P39)

冷凍小松菜(P87)

冷凍しいたけ(P38)

ちょっとここまで！ゆでて冷蔵しておく「半調理保存」

食材をゆでて冷蔵する「半調理保存」は、1週間以内に使う食材に向いています。冷凍すると食感が変わってしまう野菜も「半調理保存」なら持ち味はそのまま。買い物後の「ひと手間保存」のついでに、その週のうちに使う分を「半調理保存」しておけば使い忘れることがなく、調理時間も短縮できます。

すぐに使えて、献立を考えるにも便利！

半調理保存の基本は「ゆでて冷蔵」です。買い物から戻って、食材を切ったり、容器を入れ替えたりする「ひと手間保存」に「ゆでる」が加わるだけで、その週の食事作りはほとんど手間なし！ちょっと食材を加えて味をつけるだけで、メイン料理と副菜、おつまみだってすぐ作れます。

特売で肉や野菜をまとめ買いしたとき、つい余計なものを買ってしまったときにも、半調理保存で使い残し、使い忘れを防ぎましょう。切ったり、ゆでたりしていると食べたいもの、作りたいものが頭に浮かんで献立を考えるのも楽しくなります。また、買い物の直後は、ふだんより収納量が増える冷蔵庫も、「ひと手間」と「半調理」の使い分けで、冷蔵室、冷凍室のバランスがとれる効果が。すぐ使う分は「半調理保存」、残りは「ひと手間保存」で、冷蔵庫を効率よく使い、食材をムダなく、長くおいしく保存できます。

➕ 買ってきた食材をその日のうちに「ゆでて冷凍」が基本

切って保存の「ひと手間」に「ゆでる」が加わるだけで、食事の下ごしらえも同時にできるので「半調理保存」のために余分な手間や時間がかかるわけではありません。日持ちは食材によって多少違いますが、冷蔵して3〜5日、長くとも1週間以内に使い切るのが目安。半調理保存しておけば、そのあと1週間は、ほとんどが下ごしらえ不要で、炒めたり味つけしたりするだけですぐに1品作れてしまいます。

半調理保存したものは、冷蔵室の「見える・まとめる・取り出せる」場所に置くことも大事。冷蔵庫を開けたときに、たとえば半調理保存したほうれんそうが目に入れば、夕食にもう1品おひたしを作ろうという気持ちが芽生えて食卓がますます彩りよく豊かになります。

ゆでた食材は冷ましてから冷蔵庫へ

保存前にゆでた食材は、必ずよく冷ましてから冷蔵庫に入れましょう。半調理保存に限らず、加熱後、まだ温かい状態で冷蔵庫に入れると、気体化（湯気）した水分が冷えて水滴や霜となり、食材の傷みや味落ちなどの原因につながります。一時的とはいえ庫内の温度が上がってしまうので、設定温度に戻すため余計な電力が消費されるのは必至。まわりのものにも熱が伝わり、雑菌が繁殖しやすくなることも気になります。

湯気がたたなくなるまで鍋や容器のふたを開けておく、青菜のように水に浸せるものは浸す、大きなボウルや洗い桶で鍋ごと水につけても。時間がない場合は、湯せんの要領でお湯の代わりに氷水につけるのもよいでしょう。

ほかにもこんな半調理保存の方法が！

日持ちがしない肉や魚、中でもお刺身は、当日しか生食はできません。残ってしまったら、えびやいか、小片に切った魚なら冷凍OK。2～3日のうちに食べるなら、醤油や味噌を使ったたれ漬けにするのもおすすめです。調味料に含まれる塩やアルコールなどによって保存性が高まり、加熱すればすぐ食べられて便利。お刺身とは違った香ばしい焼き味も楽しめます。

刺身の醤油漬け
醤油2：みりん1：酒1の割合の調味液に刺身を漬け、チルド室で保存。1～2時間で味がしみる。3日以内に食べ切って。

魚の切り身の味噌漬け
切り身2枚に対して、味噌50g、みりん大さじ½、醤油小さじ½を混ぜたたれに漬ける。合わせ味噌、西京味噌などお好みで。

Part 3　お金が貯まって、家事がラクになる活用テク　ちょっとここまで！ゆでて冷蔵しておく「半調理保存」

いろいろ使えてアレンジがきく「半調理保存」活用表

	調理例	保存期間・保存方法
いんげん	 おひたし、ごま和え、いんげんの肉巻き、中華炒め、ガーリックソテー、つけ合わせなど	**冷蔵 5〜6日** へたと筋を取ってまな板にのせ、塩少々をまぶして板ずりをする。熱湯で1分30秒ゆで、冷水にとってよく冷まし、水けをきって保存容器に入れる。
かぼちゃ	 かぼちゃのサラダ、そぼろ煮、甘煮、ポタージュ、グラタン、コロッケ、つけ合わせなど	**冷蔵 5〜6日** 一口大に切って蒸す、あるいは電子レンジで加熱調理する。ざるに上げ、粗熱が取れたら保存容器に入れる。

冷蔵 ＝冷蔵室

> すべて冷蔵室で保存。保存期間は、購入日にゆでて冷蔵した場合の日数です。卵は生で冷蔵保存すると賞味期限は約2週間。ゆでると、白身に含まれる、卵黄を守る成分の働きが失われ、生のままよりも日持ちしません。生の状態での賞味期限内であっても、ゆでた卵は5〜6日以内に食べるようにしましょう。

調理例	保存期間・保存方法

キャベツ

おひたし、おかかマヨ和え、冷しゃぶサラダ、しょうが焼きや照り焼きのつけ合わせなど

 冷蔵 5〜6日

手で大きめにちぎり、塩を加えた熱湯で20秒ゆでて、ざるにとって水けをきる。粗熱が取れたら保存容器に入れる。

卵

ゆで卵のチーズ焼き、卵とブロッコリーのサラダ、タルタルソースなど

 冷蔵 5〜6日

沸騰したお湯に入れて8〜9分ゆでる。冷水につけて殻をむき、冷めたら保存容器に入れる。

※ゆでる前に、丸みのある側に画びょうやピンを使って1ヵ所穴を開けておくと、殻の薄皮と身の間に空気が入り、簡単に殻がむける。

鶏むね肉

ゆで鶏のサラダ、サンドイッチ、ゆで汁は卵スープなど

 冷蔵 1週間

鍋に水1ℓ、酒大さじ1、塩小さじ½、しょうがの薄切り2枚を入れ火にかける。沸騰したら鶏むね肉2枚を加えて2分ゆでる。火を止めてふたをし、冷めるまでおく。ゆで汁ごと保存容器に入れる。

Part 3 お金が貯まって、家事がラクになる活用テク ❄ いろいろ使えてアレンジがきく「半調理保存」活用表

| 調理例 | 保存期間・保存方法 |

ブロッコリー

中華炒め、サラダ、おひたし、ごま和え、パスタ、ポタージュスープなど

 冷蔵 **5〜6日**

小房に切り分け、茎は皮をむいて薄切りにする。塩を加えた熱湯で、1分ゆでて、ざるにとって水けをきる。粗熱が取れたら保存容器に入れる。

ほうれんそう

おひたし、ごま和え、バター炒め、オムレツ、グラタン、ミルクスープなど

 冷蔵 **5日**

塩を加えた熱湯で30〜40秒ゆでる。冷水にとってよく冷まし、水けをしっかりと絞る。食べやすく切って、保存容器に入れる。

※切り分けたあと、醤油を少量まわしかけ、束ねて軽く絞る「醤油洗い」をするとえぐみや水っぽさが取れて、さらにおいしくなる。

もやし

もやしナムル、中華風サラダ、もやし冷や奴、ラーメンや冷やし中華のトッピングなど

 冷蔵 **5〜6日**

水でさっと洗い、鍋に入れ、かぶるくらいの水を注いで火にかける。沸騰したらすぐに火を止め、ざるにとって水けをきる。粗熱が取れたら保存容器に入れる。

「半調理保存」のアレンジレシピ

味つけしたり、ソースやたれをかけたりするだけで1品完成！"おまたせなし"のごちそうで家族をあっと言わせちゃいましょう。

ゆで卵（P45）

ゆで鶏（P45）

卵サンド
刻んだゆで卵をマヨネーズで和え、塩・胡椒をしてパンではさむ。

ミモザサラダ
白身は包丁で刻み、黄身はざるの目でこすって細かくしてサラダにのせる。

スコッチエッグ
挽き肉だねでゆで卵を包み、衣をつけて揚げる。

ゆで鶏の香味ソースがけ
薄切りにして器に盛り、好みのソースをかける。

バンバンジー
ほぐしたゆで鶏を野菜と一緒に盛りつけ、ごまだれをかける。

Part 3　お金が貯まって、家事がラクになる活用テク　いろいろ使えてアレンジがきく「半調理保存」活用表

半調理保存の「おかずの素」で展開料理

半調理保存の「ゆでる」は、調理の基礎でもあります。その一方で野菜料理のおいしさは、塩加減、ゆで具合で決まるという話も。奥深く、手軽な調理法「ゆでる」で、利用範囲が広い食材を使って「おかずの素」を作ってみましょう。

「おかずの素」って何？ どうやって作るの？

日本のカレーのルーツは「肉じゃが」だという説があります。そう言われてみると、カレーと肉じゃがは、味はまるで違うけれど材料はほとんど同じ。肉、じゃがいも、玉ねぎ、にんじんは、味が違っても多くの人が「おいしい」と感じる組み合わせなのかもしれません。同じ材料で味を変える、逆に味つけは同じでも材料の組み合わせが変わると味わいがまるで違うこともあります。

同じような材料で、下ごしらえも大差ないのなら、味をつける前まで「半調理」して保存。たとえばカレーを作るときに、ルーを加える寸前まで「半調理」したものが「おかずの素」になります。多めに作って、その日はカレー、翌日は豚汁というように展開していくわけです。皮をむいたり、切ったりする手間は一度で、1週間分の「おかずの素」と献立作りが同時に完了！　カレーの材料で他に何が作れるかな、こんな組み合わせはどうだろうなど思いついたことを試してみるのも楽しく、料理のレパートリーも広がっていきます。

➕ 「おかずの素」にする食材はよく食べるもの、使うもの

カレーついでの「おかずの素」は、カレーを作るといつも半端に残ってしまう、2日続きのカレーで飽きてしまうなんていう方におすすめです。4人家族でみんなカレーが大好き。こんな場合は、カレーを作って冷凍しましょう。カレーのほかにも「おかずの素」に向いている食材はいろいろありますが、せっかく作っても使い残しては意味がありません。ふだんよく食べるもの、よく使う食材やまとめ買いすることが多いものを「おかずの素」にすれば、ムダなく使い切れます。

カレーはあまり好きじゃないけれど、肉じゃがはよく食べるというなら、肉じゃがついでの「おかずの素」を展開していく工夫を。豚汁、コロッケ、ビーフシチュー……好きな料理、得意な料理は材料も似ているので、展開レシピも案外スーッと浮かんでくるはずです。

Part 3 お金が貯まって、家事がラクになる活用テク ❄ 半調理保存の「おかずの素」で展開料理

冷蔵庫使い切りRecipe これを使いました!

豚肉、じゃがいも、にんじん、玉ねぎを食べやすい大きさに切って煮る。

ルーを加える

カレーライス
ルーを加えて仕上げればカレーの完成!

冷まして冷蔵

煮る 肉じゃが
砂糖、醤油などで調味。

煮る 豚汁
味噌をとき入れる。

つぶす ポテトサラダ
具をマヨネーズで和える。

冷蔵庫使い切りRecipe これを使いました!

牛挽き肉とみじん切りにした玉ねぎ・にんじんを炒める。

トマト缶を加える

ミートソース
トマト缶を加え、塩・胡椒・ケチャップなどで味を調える。

冷まして冷蔵

焼く チーズオムレツ
卵、チーズと混ぜて焼く。

揚げる コロッケ
つぶしたじゃがいもと。

炒める ドライカレー
カレー粉などで調味。

野菜使い切りミックス「半調理保存」活用表

調理で一番手間がかかる食材は野菜です。また大きな野菜はかさばるので、つい手軽なカット野菜に手が伸びてしまうことも。「半調理保存」でこの2つの問題を一気に解決！ 野菜の時短調理＆使い切りは、ミックス・冷凍がキーワードです。

使い道はいろいろ、簡単・便利な自家製カット野菜

忙しいときや、野菜室に丸ごとのキャベツを入れるスペースがないといった理由で、カット野菜を利用する人もいるでしょう。袋を開けるだけでサラダができる、キャベツや白菜を切り分ける手間がかからないのは確かに魅力的です。でも、カット野菜には、生でも「加工年月日」と「消費期限」が表示されています。

野菜は、切り口から傷みやすくなるので、丸ごとより半分、半分より4分の1、チョップレタスやせん切りキャベツと、素材が小さくなるほど日持ちがしません。でも、料理をするたびに皮をむき、種を取り、それぞれを使いやすく切ってと野菜の下ごしらえをするのは大変。それが面倒で、使い切れないまま冷蔵庫の中で傷んでしまう、というのを防ぐコツが、野菜のミックス「半調理保存」です。

丸ごと野菜のしまい場所に悩むこともなく、ちょっとずつ残った野菜もおいしく使い切る、便利な自家製カット野菜。切って袋に入れるだけなので「ひと手間保存」のついでにパパッとできます。

基本のベジタブルミックス

 冷凍室で1ヵ月保存できる

作り方
にんじんは1cm角、いんげんは1cm長さに、コーンは缶汁をきり、すべてを合わせて保存袋に入れる。いんげんをグリーンアスパラやブロッコリーの茎に替えても。

調理例
オムレツ、キッシュ、チキンライス、ピラフ、コンソメスープなど

 ラタトゥイユミックス

冷凍 1ヵ月

材料はズッキーニ、かぼちゃ、パプリカなど。ラタトゥイユ、鶏肉のトマト煮、カレーなどに凍ったまま使える。

 葉物ミックス

冷凍 1ヵ月

葉野菜に、きのこ、ピーマン、長ねぎなど鍋物や汁物に使う野菜を組み合わせて。凍ったまま加熱調理して使う。

お金が貯まって、家事がラクになる活用テク　野菜使い切りミックス「半調理保存」活用表

調理例	保存期間・作り方

洋風ミックス

パスタ、コンソメスープ、ソテー、卵炒め、あさり蒸し、味噌汁など

 冷凍 2週間

使いやすいかたちに切ったキャベツ、1〜2cm幅に切ったベーコン、へたと種を取って乱切りにしたパプリカを保存袋に入れる。ベーコンは、細切りにしたハム、斜め切りにしたソーセージに替えても。

中華ミックス

あんかけ、中華スープ、かに玉、焼きそば、卵焼き、チャーハンなど

 冷凍 2週間

2〜3cm長さに切ったにら、ほぐしたかに風味かまぼこ、小口切りの長ねぎを保存袋に入れる。大根の薄切りや玉ねぎを加えてもいい。

味噌汁ミックス

味噌汁、けんちん汁、煮物、カレーうどん、卵とじ、炊き込みごはんなど

 冷凍 2週間

小口切りにしたちくわと長ねぎ、1cm幅に切った油揚げ、根元をほぐしたしめじを保存袋に入れる。わかめ、しいたけ、大根を加えても。こんにゃくを加える場合は調理の際に。

節約＋家事ラクのW効果がうれしい「作りおき保存」

冷蔵庫がなかった時代には、つくだ煮や乾物類を利用した煮物など日持ちのする常備菜が、家事や育児に追われる主婦の強い味方でした。「もう1品」というときに役立つ便利さは今も同じ。冷蔵庫を活用して長く、おいしく保存、食材の使い切りもおまかせと「作りおき保存」にはいいことたくさん！

「作りおき」があれば朝から晩までおかず作りは手間なし！

「作りおき保存」は、時間に余裕があるときにおかずを作って保存する方法です。ひと手間、半調理よりも時間はかかりますが、作っておけば盛りつけるだけ、温めるだけで食べられます。切ったり、ゆでたりして保存した食材と組み合わせてアレンジもできるので、毎日の献立がたてやすく、朝から晩までの食事の支度に余裕が生まれるところも魅力。日々の調理にかかる時間と手間を短縮でき、まとめ買いした食材もムリなく使い切れるので、光熱費と食費の節約にもつながります。

保存しておけば、他の食材を組み合わせていろいろなアレンジができる点も便利。だからといって、たくさん作って保存するのはおすすめできません。おいしいうちにムリなく使い切るのがベスト。たとえばから揚げを作りおきするなら、2～3回で食べ切れる量を作って、その日はできたてのおいしさを味わいます。いくら好きでも毎日同じものでは飽きるので、保存した分は、南蛮漬けやみぞれ煮にしてさっぱりいただくなど、味つけや見た目を変えて楽しむとよいでしょう。

作りおきをおいしく日持ちさせるポイント

数日間保存する作りおきおかずは、同じ料理でもできたてを食べるときと違って味つけや作り方で注意しなくてはいけないことがいくつかあります。作りおきおかずを長持ちさせて、最後までおいしく食べるために調理や保存の方法にも気を配りましょう。

＋ 味つけは少し薄め、水分は少なめに

昔ながらの常備菜に味が濃く、水分が少ない料理が多いのは、日持ちをよくするための知恵。冷蔵庫で保存する現代の作りおきでは、味つけはいつもより少し薄め、水分は極力少なくします。作りたてのときは味が薄いと感じるくらいでも、保存中に味がしみ込んでほどよい塩加減になります。

しょうが、にんにくなど殺菌効果のある食材は、料理の日持ちをよくします。このほかカレー粉、酢といった殺菌効果のある食材を活用すれば、塩分を控えても日持ちを損なう心配がありません。

味つけは少し薄めに
保存中に味がしみていくので、味が濃くなってしまった場合は、食べるときの加熱調理で野菜を加える、汁仕立て、みぞれ煮などにする。

つけ汁以外の水分は少なめ
漬物やゆで汁につけて保存する場合以外は、しっかり火を通すとともに、水分を極力とばすことが大切。

保存性を高める食材を使う
わさび、しょうが、にんにく、カレー粉、梅干し、酢など殺菌効果のある食材を味つけや風味づけに活用する。

➕ 密閉できる容器で保存する

　密閉できる容器で、なるべく空気に触れない状態で保存するのも大切なポイント。きれいに洗って乾燥させた容器でも、料理を入れる前に必ず除菌しておきましょう。アルコール除菌スプレーを容器の内側に2〜3回、外側に1回吹きかけ、内側から外側の順にキッチンペーパーで拭き取ります。ふたも同様に、溝やすみまでしっかりと除菌しておけば安心！

➕ 熱いうちに容器に入れ、冷ましてから保存する

　できたての熱い料理は、必ず十分に冷ましてから保存します。室温で冷ます時間がないときは、氷と保冷剤を利用した"急速冷却"がおすすめ。氷と保冷剤を入れたボウルに容器や鍋をのせて約20分おけば、しっかり冷えて冷蔵庫に入れられます。大きなボウルがなければ、フライパンを使っても。ふだんでも、煮物は、この方法で冷やしてから鍋ごと冷蔵庫においておくと、味のしみ込みが早くおいしくなります。

➕ 作った日付を書いておく

　冷蔵庫での保存は3〜4日が目安、酢や塩を使った料理でも5日を限度と考えて。古いものから順に最後までおいしく食べ切れるように、容器に作った日付を書いておきましょう。ラベルには、剥がしやすく、必要な分だけカットして使えるマスキングテープが便利。

➕ 清潔な箸やスプーンで取り分ける

　何回かに分けて食べるときは、容器から盛りつけたら、そのままにしないですぐに冷蔵庫に戻しましょう。盛りつけには、洗って乾燥させた箸やスプーンを使うこと。出し入れや入れ替えの回数が多くなるほど、料理が傷みやすくなります。最初から小分けするか、2〜3日で食べ切れない分は冷凍することをおすすめします。お弁当に入れるときは再加熱＆しっかり冷ましましょう。

これがあれば安心！　彩り常備菜と日持ちするたれ

「5色のおかず」と「日持ちするたれ」を常備しておけば"鬼に金棒"。取り分けるだけ、肉や魚にかけるだけ、時短どころか"瞬間"で体によくておいしいごはんのでき上がりです。

色の違いは栄養の違い。彩りがよければバランスもいい！

　料理は味だけではなく、見た目も大事。実は「おいしい！」と感じるのは、味覚よりも視覚、見た目の影響が大きいそうです。彩りのよい料理は、食欲をそそるだけでなく、さまざまな食材を使うことで栄養のバランスもよし！　作りおき保存でも、同じような食材、似たような味つけばかりにならないように気をつけましょう。

　同じ野菜でも、色によって栄養が違うそうです。代表的なのがパプリカ。色とりどりのパプリカは、それぞれに栄養価が違います。赤は、唐辛子にも含まれるカプサイシンという赤い色素が含まれ、体の冷え防止、疲労回復などに有効。黄色いパプリカは、美肌に欠かせないビタミンCやルテインが豊富です。ただ、こうした作用は、他の栄養もバランスよく取ってこそ。家族の健康のためにも、家で取る食事は、さまざまな食材を使った料理で栄養が偏らないように心がけたいものです。

　なんだか今日のごはんは茶色いものばかり、皿数も少ないし……。そんなときは、「5色のおかず」を少しずつ小鉢に盛りつけるだけで見た目よく、栄養のバランスもよい食事に。あとは、半調理保存したゆで野菜に「日持ちするたれ」を添えれば、一気に"おうちごはん"が華やぎます。

＋ 急な来客や"留守ごはん"も作りおきがあれば安心！

　赤・緑・黄・白・黒の「5色のおかず」は、炒める、和えるなどシンプルな調理法で野菜の色や持ち味を活かした常備菜です。「日持ちするたれ」は、刻んだ長ねぎを味噌や調味料と混ぜるだけ。どちらも簡単に作れて、冷蔵室で2週間ほど保存できます。

　急な来客でのおもてなしや外出前に家族の食事の支度をする時間がないときも、「5色のおかず」があれば慌てなくて大丈夫。小鉢に取り分けるだけで副菜に、おもてなしには、ワンプレートに盛りつけて"カフェごはん"風にしても。ふだんのおかずにはもちろん、ひと手間・半調理で保存した食材と組み合わせてさまざまにアレンジを楽しんでみましょう。

彩り常備菜 赤 のおかず

➕ ミニトマトの白ワイン漬け

材料（作りやすい分量）
ミニトマト　15個
A［白ワイン　カップ½
　　はちみつ　大さじ4］

作り方
❶ミニトマトはへたを取り、反対側に爪楊枝で1ヵ所穴を開ける。熱湯にさっとくぐらせ冷水にとって皮をむく。
❷ポリ袋などに❶とAを入れて1時間以上漬ける。

➕ トマトの浅漬け

材料（2人分）
トマト　2個　　　A［醤油　小さじ2
青じそ　2枚　　　　　酢　　小さじ2
　　　　　　　　　　　砂糖　小さじ1］

作り方
❶トマトはへたを取って一口大に、青じそは1cm角に切る。
❷ポリ袋などに❶とAを入れて20分以上漬ける。

➕ にんじんとツナの炒め物

材料（2人分）
にんじん　　　　2本　　ごま油　　　　　　　大さじ1
ツナ水煮缶　1缶(70g)　めんつゆ(3倍濃縮)　大さじ½
　　　　　　　　　　　　すり白ごま　　　　　大さじ1

作り方
❶にんじんはせん切りに。ツナ缶は、缶汁をきっておく。
❷ごま油で、にんじんとツナを炒め合わせる。
❸火からおろし、めんつゆで調味し、すり白ごまを加える。

➕ 赤パプリカのピクルス

材料（作りやすい分量）
パプリカ(赤)　1個　　A［酢　　　大さじ2
　　　　　　　　　　　　砂糖　　大さじ2
　　　　　　　　　　　　塩　　　小さじ½
　　　　　　　　　　　　黒胡椒　3粒］

作り方
❶パプリカはへたと種を取って細切りにする。
❷ポリ袋などに❶とAを入れて1時間以上漬ける。

Part 3 お金が貯まって、家事がラクになる活用テク ✺ これがあれば安心！彩り常備菜と日持ちするたれ／赤のおかず

彩り常備菜 緑 のおかず

ゴーヤーのすし酢漬け

材料（作りやすい分量）
ゴーヤー　　1本
すし酢　　　カップ1/2

作り方
❶ゴーヤーは縦半分に切り、わたと種を取り薄切りにする。
❷ポリ袋などに❶とすし酢を入れて1時間以上漬ける。

グリーンアスパラのナムル

材料（作りやすい分量）
グリーンアスパラ　5本
いり白ごま　小さじ1
A［塩　　　小さじ1/3
　　ごま油　小さじ1/2］

作り方
❶グリーンアスパラは根元の固い皮をむいて、4〜5cm長さに切る。
❷耐熱ボウルに❶とAを入れ、ふんわりとラップをして電子レンジ（600W）で1分30秒加熱する。
❸いり白ごまを加え、ひと混ぜする。

ズッキーニのバジル漬け

材料（作りやすい分量）
ズッキーニ　1本
A［塩・乾燥バジル　　各小さじ1/4
　　ガーリックパウダー　少々］

作り方
❶ズッキーニは、5mm厚さの半月切りにする。
❷ポリ袋などに❶とAを入れて1時間以上漬ける。

簡単オイキムチ

材料（作りやすい分量）
きゅうり　2本
キムチ　　80g
A［水　　カップ1
　　塩　　小さじ1/3
　　昆布茶　小さじ1/3］

作り方
❶きゅうりは長さを半分に切り、十字に切り目を入れる。
❷ポリ袋に❶とAを入れ、1時間漬けて水けをきる。
❸きゅうりの切れ目に粗く刻んだキムチを詰め、斜め半分に切る。

彩り常備菜 黄 のおかず

➕ マッシュかぼちゃ

材料（作りやすい分量）
かぼちゃ	¼個
生クリーム	大さじ1
A［バター	30g
［砂糖	大さじ3

作り方
❶かぼちゃは、ゆでるか、電子レンジ加熱して、皮を取り除く。
❷ボウルに❶とAを入れてよく練り混ぜる。
❸生クリームを加えてさらによく練り混ぜる。

➕ さつまいもとりんごのサラダ

材料（作りやすい分量）
さつまいも	1本
りんご	⅙個
レーズン	30g
A［無糖ヨーグルト	80g
［マヨネーズ	大さじ2
［メープルシロップ	大さじ½

作り方
❶さつまいもは皮付きのまま食べやすい大きさに切って、電子レンジ加熱でやわらかくする。りんごは皮をむき、さつまいもと同じ大きさに切る。
❷ボウルに❶とレーズン、Aを入れよく混ぜる。

➕ パプリカのコンソメ蒸し

材料（作りやすい分量）
パプリカ（黄）	1個	A［酒	小さじ2
		［顆粒コンソメ	小さじ1

作り方
❶パプリカはへたと種を取って乱切りにし、耐熱皿に並べる。
❷Aをまわしかけ、ふんわりとラップをして電子レンジ（600W）で2分加熱し、ひと混ぜする。

➕ 卵焼き

材料（作りやすい分量）
卵	3個	A［水	大さじ3
サラダ油	適量	［白だし汁	大さじ½
		［砂糖	大さじ½

作り方
❶ボウルに卵を割りほぐし、Aを加えてよく混ぜる。
❷フライパンにサラダ油を熱し、❶の卵液を3回に分けて流し入れ、端から巻く。

彩り常備菜 白 のおかず

うずら卵の塩こうじ漬け

材料（作りやすい分量）
うずら卵	10個
塩こうじ	大さじ½

作り方
❶うずら卵はゆでて、水にとって殻をむく。
❷ポリ袋などにうずら卵と塩こうじを入れて1～2時間おいて、流水でさっと洗う。

かぶの柚子入り甘酢漬け

材料（作りやすい分量）
かぶ	3個
かぶの葉	1個分
塩	小さじ½
A だし汁・酢	各大さじ2
みりん・砂糖	各大さじ1
ゆずの皮（せん切り）	適量

作り方
❶かぶは皮をむき、薄い半月切りに、葉は1cm幅に切る。塩をふって5分おき、しんなりしたら水けを絞る。
❷ポリ袋などに❶とAを入れて1時間以上漬ける。

大根とりんごの水キムチ風

材料（作りやすい分量）
大根	¼本
りんご	⅙個
にんにく（薄切り）	½かけ分
A 酢	大さじ2
塩	小さじ1
はちみつ	大さじ½
水	カップ½

作り方
❶大根は皮をむいて5cm長さの拍子木切りに、りんごは皮つきのまま薄切りにする。
❷❶とにんにくをポリ袋に入れてAを加え、1時間以上漬ける。

れんこんと明太子サラダ

材料（作りやすい分量）
れんこん	1節
明太子	½腹
A マヨネーズ	大さじ2
レモン汁	小さじ1
塩・胡椒	各少々

作り方
❶れんこんは5mm厚さのいちょう切りにし、酢水（分量外）にさらしてから2～3分ゆでて粗熱を取る。
❷明太子は身をほぐして、Aと混ぜ合わせる。
❸ボウルにれんこんと❷を入れて和える。

彩り常備菜 黒 のおかず

＋ なすの照り煮

材料（作りやすい分量）
なす　　　　　　　3本
片栗粉　　　　　　適量
サラダ油　　　　　大さじ3
いり白ごま　　　　大さじ1
A［だし汁・砂糖・醤油・みりん
　　各大さじ1½

作り方
❶なすは乱切りにして、水にさらしてアク抜きをし、片栗粉をまぶして、サラダ油で炒める。
❷焼き色がついたらAを加え煮からめて、いり白ごまをふる。

＋ ごぼうの醤油漬け

材料（作りやすい分量）
ごぼう　　　　　　1本
A［醤油　　　　　大さじ3
　　酢　　　　　　大さじ2
　　砂糖　　　　　大さじ1½
　　赤唐辛子（小口切り）1本分
　　昆布　　　　　3cm

作り方
❶ごぼうは洗って、太さをそろえて5cm長さに切る。
❷2〜3分ゆでてざるにとる。
❸保存容器にAと一緒に入れて1時間以上漬ける。

＋ しめじの塩漬け

材料（作りやすい分量）
しめじ　　　　　　2パック
塩　　　　　　　　小さじ1

作り方
❶しめじは根元を切ってほぐし、さっとゆでて、しっかり水けをきる。
❷ボウルに塩と合わせて30分以上漬ける。

＋ ひじきの煮物

材料（作りやすい分量）
乾燥ひじき　　　　30g
にんじん　　　　　½本
油揚げ　　　　　　1枚
サラダ油　　　　　小さじ2
A［だし汁　　　　カップ1
　　醤油・砂糖・みりん・酒
　　各大さじ1

作り方
❶ひじきはたっぷりの水でもどす。にんじんと油揚げは細切りにする。
❷鍋にサラダ油を熱し、ひじきとにんじんをさっと炒め、油がまわったら油揚げとAを加える。
❸水分が少なくなるまで中弱火で煮る。

日持ちするたれ　ねぎ 塩

材料（作りやすい分量）

長ねぎ（白い部分）	1本
ごま油	大さじ2
A　顆粒鶏がらスープの素	小さじ1
レモン汁	小さじ1
塩	小さじ¼
にんにく（すりおろし）	1かけ分

作り方
長ねぎはみじん切りにする。ボウルに入れAと合わせ、ごま油を加えて軽く混ぜる。

保存の目安
冷蔵室で2週間

＋ アレンジメニュー

ポークソテー ねぎ塩だれ
豚薄切り肉をフライパンで焼き、器に盛り、ねぎ塩だれをかける。

ねぎ塩冷や奴
豆腐にねぎ塩だれをかけて、お好みでラー油をたらす。

ローリングストック

＋備蓄（ストック）を一定量に保ちながら日常生活に取り組むという考え方
＋古いものから使う→使った分だけ買い足す→備蓄の補充をくり返す
＋災害時に備えるためだけでなく、日常生活で発生する「食品ロス」の削減にもつながる

冷蔵庫　保存した食材、作りおきおかず　→古いもの消費→　**買い物**　使った分と同量程度を購入　→新しいもの補充→　**ストック**　ひと手間・半調理・作りおきで保存

7割ルールキープ！
食材を使い切って、作りおきも新鮮！

日持ちするたれ　ねぎ味噌

材料（作りやすい分量）
万能ねぎ（小口切り）　10本分
にんにく（みじん切り）　½かけ分
ごま油　　　　　　　　　小さじ1

A ┌ 味噌　　大さじ2
　├ みりん　小さじ2
　└ 砂糖　　小さじ1

作り方
❶ フライパンにごま油とにんにくを熱し、香りが出たら万能ねぎを加えて炒める。
❷ 万能ねぎがしんなりしたらAを加え、焦げないように炒め合わせる。

保存の目安
冷蔵室で2週間

➕ アレンジメニュー

キャベツのねぎ味噌添え
ざく切りにした生キャベツにねぎ味噌を添える。

油揚げの味噌だれチーズ焼き
油揚げにねぎ味噌を塗り、ピザ用チーズをのせてオーブントースターでこんがりと焼く。

冷蔵庫使い切りRecipe 「ひと手間・半調理」活用でもう1品！

よだれ鶏
❶ ねぎ塩だれにおろししょうが、醤油、すり白ごま、粉山椒、ラー油を各適量加えて混ぜる。
❷ さいたゆで鶏に❶をかけ、砕いたピーナッツ、香菜を散らす。

これを使います！

ゆで鶏（P45）

鮭のちゃんちゃん焼き
❶ ねぎ味噌だれに水適量を加えてのばし、たれを作る。
❷ ホットプレートに凍ったままの鮭、輪切りにしたじゃがいもを並べて焼く。
❸ ❷の鮭のまわりにベジタブルミックス、ざく切りにしたキャベツをのせ、❶のたれをまわしかけて、ふたをして蒸し焼きにする。
❹ 鮭とじゃがいもに火が通ったら、バター適量を加える。

これを使います！

冷凍鮭切り身（P38）

ベジタブルミックス（P50）

人気定番おかず 作りおき&アレンジレシピ

ちょっとした調理の工夫で、節約と調理の時短ができる「作りおき」がもっと便利に。家族が好きなおかずをまとめて作っておけば、毎日の献立を考えるのも、ごはん作りもずいぶんとラクになります。

保存場所	冷蔵室 / 冷凍室 / チルド室
保存方法	ひ ひと手間保存 / 半 半調理保存 / 作 作りおき保存

鶏のから揚げ

材料（作りやすい分量）
- 鶏もも肉　　　　1枚（300g）
- 溶き卵　　　　　1個分
- 片栗粉　　　　　大さじ2〜3
- 揚げ油　　　　　適量

A
- 酒　　　　　　　大さじ1
- 醤油　　　　　　大さじ1
- にんにく（すりおろし）　1/2かけ分
- しょうが（すりおろし）　1/2かけ分
- 塩　　　　　　　小さじ1/3
- ごま油　　　　　小さじ1

作り方
❶ 鶏肉を一口大のぶつ切りにする。
❷ ボウルにAを合わせ、鶏肉を入れてもみ込む。
❸ ❷に溶き卵と片栗粉を加えて全体をざっと混ぜる。
❹ ❸を油でこんがりと揚げる。

冷蔵 5日
作りおきする分は、よく冷ましてから容器に入れて冷蔵室で保存する。衣に卵を混ぜることで鶏肉がコーティングされて、温めなおしてもふっくら感キープ！

作 / 冷凍 1ヵ月
よく冷ましてから小分けして冷凍する。長期保存でき、温めるだけで食べられる手軽さがメリット。

半 / 冷凍 3週間
下味だけつけて冷凍。揚げたてが楽しめるのがメリット。

＋ アレンジメニュー

みぞれ煮
大根おろしとだし汁でさっと煮る。下味がついているので調味料は加えなくてOK。

ブルスケッタ
鶏のから揚げとトマトをきざんで、トーストしたパンにのせ、バジルをトッピングする。チーズを加えてピザ風にしても。

これを使いました！

ハンバーグ

- **作** 焼いて冷めたら1個ずつラップで包んで冷凍。1ヵ月保存可能。
- **半** たねで冷凍保存の目安は3週間。できたてが食べられるのが魅力。

とんかつ

- **作** 冷めたらすぐ冷凍。自然解凍したら魚焼きグリルで加熱。
- **半** 衣をつけて冷凍。まとめて作って、凍ったまま揚げる。

鮭の南蛮漬け

材料（作りやすい分量）
鮭の切り身　　　　　2枚
野菜（玉ねぎ・
　　にんじんなど）　適量
小麦粉　　　　　　　適量
揚げ油　　　　　　　適量

A ｜ 醤油・酢・砂糖　各大さじ2
　 ｜ レモンの輪切り　3〜4枚
　 ｜ 唐辛子（小口切り）適量

作り方
❶一口大に切った鮭に小麦粉をまぶして油で揚げる。
❷Aを合わせた調味液に❶と薄切りにした玉ねぎや細切り野菜、レモンの輪切り、唐辛子を漬ける。

冷蔵　6日

甘酢を使った料理には、殺菌作用のある唐辛子やレモンを加えるとさらに長持ちします。

＋アレンジメニュー

五目ちらし
具をきざんだ南蛮漬けをごはんに混ぜて、細切りにした油揚げなど好みの具をちらす。

ポテトサラダ
ゆでてつぶしたじゃがいもと具をきざんだ南蛮漬けをマヨネーズで和える。

これを使いました！

鮭の塩焼き

凍ったままでも調理可能。

グリルで焼いて冷凍。電子レンジで加熱調理して解凍する。

鶏そぼろ

冷めてもしっとりのコツ
すりおろしたしょうがを加えたたれ（醤油、みりん、砂糖）に生の鶏挽き肉をほぐすように混ぜ、汁けをとばしながら炒める。水分が半量くらいになったら、小麦粉（挽き肉200gに対して小さじ1）を振り入れて、全体を混ぜながら煮詰めると、粉が水分を抱え込んでしっとりとした仕上がりに。

冷蔵　5日　　冷凍　1ヵ月

しょうがの殺菌効果で長持ち、小麦粉を加えて煮からめるとしっとりした仕上がりに。冷蔵、冷凍ともに、十分に冷ましてから保存を。

＋アレンジメニュー

卵焼き
溶き卵と混ぜ合わせて卵焼きに。冷めてもおいしく、味つきなのでお弁当のおかずにもぴったり。

一口ピザ
マヨネーズ、チーズと一緒に餃子の皮にのせて、オーブントースターでこんがりと焼き、青ねぎをちらす。

保存食材で作りおき 活用&アレンジレシピ

そのまま食べてもおいしいけれど、肉や魚と組み合わせてひと工夫すればメインおかずに大変身！
コツさえわかればアレンジは簡単です。

みょうがの甘酢漬け

冷蔵 1週間

冷凍すると食感が変わるため、なるべく生で食べたいみょうが。甘酢漬けにすれば1週間冷蔵室で保存できます。

材料（作りやすい分量）
みょうが		10本（200g）
A	酢	大さじ4
	砂糖	大さじ2
	塩	小さじ½

作り方
❶ 保存容器にAを入れる。
❷ みょうがを10秒ほどゆで、熱いうちに❶に加える。
❸ 粗熱が取れたらふたをして、冷蔵室に一晩おく。

➕ アレンジメニュー

肉巻き
みょうがの甘酢漬けを豚薄切り肉で巻いて、少量の油で焼く。

＼これを使いました！／

豚薄切り肉（P92）

ブロッコリーのオイル漬け

冷蔵 1週間

ゆでても日持ちしない、酢漬けにすると変色するブロッコリーも、オイル漬けにすれば色鮮やかなままおいしく長持ち！ オイルに漬けた状態で保存すれば、冷蔵室で1週間持ちます。

材料（作りやすい分量）
ゆでブロッコリー	1株分
塩	小さじ½
にんにく	1かけ
オリーブオイル	50ml

作り方
❶ ボウルにブロッコリー、塩、スライスしたにんにくを入れて混ぜる。
❷ 密閉容器に移し、オリーブオイルを注いで全体を均一に混ぜる。

これを使いました！

ブロッコリー（P46）

ゆでてしっかり水けをきったブロッコリーを、右はそのまま保存容器に入れて、左はキッチンペーパーを敷いて冷蔵室で保存。1週間後の状態は、予想以上に大差がつきました。

しめじの卵炒め

冷蔵 4〜5日

生のままでは日持ちがしないしめじなどのきのこ類は、塩漬けにすると冷蔵室で1週間ほど保存が可能。そのまま副菜になるのはもちろん、漬け汁もきのこのうまみ成分たっぷりの「調味料」に。炒め物やパスタソース、スープなどの具材としてぜひ活用して。

材料（作りやすい分量）

しめじの塩漬け	½パック分
溶き卵	1個分
ベーコン（細切り）	3〜4枚分
小松菜（ざく切り）	½束分
サラダ油	少量

作り方

❶ 油を熱したフライパンに溶き卵を入れてかき混ぜる。
❷ しめじの塩漬けとベーコン、小松菜を加えて炒める。
❸ 味をみて、塩けが足りないようならしめじの漬け汁を加える。

これを使いました！

しめじの塩漬け（P59）　ベーコン冷凍（P95）　小松菜冷蔵・冷凍（P87）

簡単鶏チャーシュー

冷蔵 5日

ゆで鶏（P45）をめんつゆに一晩つけるだけ。ゆで卵を加えても。保存は冷蔵室で5日ほど。

これを使いました！ 1週間後

○ Good!

ゆで鶏（P45）ゆで汁あり

✕ NG!

ゆで汁なし

ゆで汁につけて保存した鶏むね肉は、1週間経ってもふっくらとジューシー。ゆで汁が少ない場合は、キッチンペーパーをかぶせて。

冷凍大根

＋大根は冷凍すると、加熱調理の際に味がしみ込みやすくなる
＋煮物にして冷凍するよりも、生で冷凍したほうが食感がよい
＋煮物やおでんは、凍ったまま加えてOK。時短調理できる

冷凍大根　VS　**生の大根**

煮汁と加熱して約20分後。冷凍大根にはしっかり味がしみ込んでいる。

Part 3 お金が貯まって、家事がラクになる活用テク　保存食材で作りおき　活用＆アレンジレシピ

作りおきおかず冷凍保存のテクニック

　作りおきおかずは冷蔵保存が基本。3〜4日のうちに食べきれないと思ったら、できたてを冷凍しましょう。ホームフリージングならではの工夫で、すぐに使える作りおきの手軽さをそのままに、最後までおいしく食べられます。

 そのままレンジ加熱できる容器が便利!

➕ 冷凍する料理に合わせて容器を選ぶ

　作りおきおかずを入れる容器は、雑菌が入りにくい、ふたつき保存容器を使いましょう。冷凍室から出してそのまま電子レンジで加熱調理できる耐熱性のある材質を選ぶことも容器選びのポイントです。
　耐熱ガラス容器は、汚れが落ちやすく、電子レンジやオーブンにそのまま使えるので温めなおしにも便利。シチューやカレーなど水分の多い料理を冷凍する際は、耐熱プラスチック容器が向いています。どちらも一長一短があるので、保存する料理に合わせて使い分けるとよいでしょう。

➕ 短期保存は冷凍用保存袋でも

　冷凍室で保存中、空気に触れて水分がとんだり、酸化したりすると、味や見た目が変化する「冷凍焼け」を起こすことがあります。これを防ぐには密閉することが大事。鶏のから揚げやコロッケのような揚げ物を冷凍するには、密閉性の高い冷凍用保存袋がおすすめです。1週間程度の短期保存なら、しっかり油をきり、冷ましてから袋にまとめれば、1個ずつラップで包む必要もありません。

 ほうれんそう
ゆでて冷凍したものは、解凍すると歯ごたえがなくなり色も悪くなる。

 こんにゃく
プリプリとした本来の食感が失われるが、新たな食感を活かす方法も。

 大根
煮物にして冷凍したものは、解凍すると水分が流れ出て食感も味も落ちる。

➕ 冷凍前に料理の材料をチェック

　完全に火を通した葉野菜や水分の多い食材など、冷凍すると食感が変わるものを使った料理は、できたてはおいしくても、冷凍して温めなおすと料理の風味が落ちてしまうことがあります。こうしたものは、生のままで冷凍して、すぐ食べるおかずを作るときに食材として利用するとよいでしょう。

冷凍に不向きなおかず
- 火が通った葉野菜を使ったもの　例) ほうれんそうのおひたし
- 食感が変わる食材を使ったもの　例) こんにゃくが入った煮物
- 水分が多い食材を使ったもの　例) 大根の煮物

冷凍の方法3つのポイント

➕ 1人分ずつラップで小分けに

　冷凍したおかずは、解凍したり、温めなおしたあとで再び冷凍すると、味や風味が落ちてしまいます。冷蔵する作りおきおかずは、1つの容器にまとめても簡単に盛り分けられますが、冷凍するなら小分けが便利。肉や魚などを使ったメインのおかず、小鉢や皿に盛る副菜は、1人分ずつラップで包んで、保存袋にまとめましょう。

➕ 製氷皿を使って一口冷凍

　お弁当やメインおかずのつけ合わせ的に添える常備菜は、ふた付きの製氷皿を使って少量ずつ冷凍するのも便利です。お弁当には凍ったまま入れてOK。ゆでた野菜をすりおろして一口サイズで冷凍しておけば、スープやたれ・ソース、離乳食にと活用できます。

➕ 並べて凍らせるバラ冷凍

　餃子や肉団子は、袋にまとめたり、容器に重ねたりして凍らせるとくっついてしまうので要注意。アルミトレーの上に少し間隔をあけて並べ、完全に凍結させてから袋にまとめましょう。乾燥を防ぐため、アルミホイルかラップをかけておくのも忘れずに。

➕ 液体類は寝かせて薄く凍らせる

　シチューやカレーは作りおきの定番。深さのある容器に入れて冷凍すると、温めなおすのに時間がかかってしまうので、1人分が入るサイズの保存袋を使いましょう。
　袋をトレーに寝かせて、薄く平らに凍結させてから冷凍室の下段に立てて収納。そのまま自然解凍、袋ごと湯せんで温めることもできます。

「モッタイナイ」はおいしいのもと・食材使い切りのテクニック

野菜の皮には栄養がたっぷり含まれていることをご存じですか？ 皮を厚くむいて捨ててしまうなんて「モッタイナイ！」栄養だけでなくお金も捨てているようなものです。野菜や果物を丸ごとおいしく食べ切る工夫で、今までは捨てていた部分を食材としてしっかり活用しましょう。

賢く保存、調理の工夫で食材を丸ごと使う

まだ食べられるものを捨ててしまう"食品ロス"が話題になっても、どこか他人事のように考えてはいませんか？ 手つかずで賞味期限切れになったものを捨てるときは、心の中で「モッタイナイ」と思っても、料理を作るときに出る野菜の皮や切り落とした葉、根元はゴミ箱へポイッ。実は、これも"食品ロス"の一因でもあるんです。

野菜は、家庭で使う食材のうちでも捨てる部分の多い食材です。そのまま焼いたり、煮たりして食べられる肉や魚と違って、調理前に種を取る、皮をむくという下処理で廃棄率が高くなるのは当たり前かもしれません。でも、必要以上に皮を厚くむいたり、食べられる部分を捨てたりするのは「モッタイナイ」。野菜や果物には、皮や種にも栄養たっぷり、丸ごと食べられるものがたくさんあります。まずは、ピーマンでも、しいたけでも、家にある野菜で"丸ごとレシピ"を試してみて！ 野菜のおいしさ新発見、クズや切れ端からとるスープも料理に大活躍します。

冷蔵庫使いこなしQ&A

どんな野菜も丸ごと食べていいの？

野菜は、皮やへた、種なども含めて丸ごと食べることができますが、食べたり、調理したりする前に、水かぬるま湯できれいに洗っておくことが前提。使用する農薬には基準があるので心配はありませんが、野菜に付着している土に生息する「土壌菌」は、加熱後も生き続ける場合があります。有機・無農薬野菜でも、必ずきれいに洗うように気をつけてください。

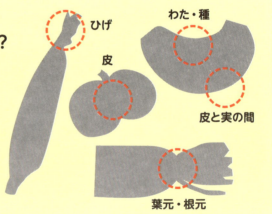

✕ じゃがいもの「芽」、皮が緑色になっていたらNG！

● 皮ごと食べるときは、必ず「芽」を取り除く。皮が緑色に変色していた場合は、皮を厚めにむき、内側の緑に変色した部分も取り除くこと。
● じゃがいもの皮には通常でも天然毒素が含まれるが、皮付きで一度に大量（1〜2kg）摂取しなければ問題なし。ただし、子どもは大人の10分の1くらいの摂取量でも食中毒を発症する場合があるので気をつけて。

おいしさも、栄養も！ 野菜丸ごとレシピ

丸ごとピカタ
輪切りにしたゴーヤーに軽く小麦粉をまぶして溶き卵にくぐらせ、サラダ油で両面がパリッとするまで焼く。

ゴーヤー

うま煮
石づきは取り除きカサと軸をつなげたまま1cm厚さに切って、水、醤油、みりんを合わせた煮汁で煮る。

しいたけ

長芋のステーキ
2cm厚さの輪切りにしてバター焼きにし、ふちがカリッとしたら醤油、みりんを加えてからめながら焼く。

長芋

コンソメ煮
縦半分に切って、コンソメと一緒に水に入れ、沸騰する直前に火を弱めて箸がスーッと通るまで煮る。

にんじん

丸ごと焼きピーマン
焼き網で直火、またはオーブントースターで表面がこんがりするまで焼く。塩、醤油など味はお好みで。

ピーマン

マヨ炒め
5mm厚さのいちょう切りにしてハムと一緒にマヨネーズで炒める。醤油、一味唐辛子など調味はお好みで。

れんこん

Part 3 お金が貯まって、家事がラクになる活用テク ❄ 「モッタイナイ」はおいしいのもと・食材使い切りのテクニック

➕ 健康成分が豊富に含まれている皮や芯を活用して献立に1品プラス

植物にとって、皮と芯は、生長に欠かせない役割をしています。とくに、皮と身の間には、ビタミン、ミネラルなどの栄養が豊富で、"フィトケミカル"という植物特有の成分も多く含まれています。これは、植物が自己防衛のために独自に作り出す成分で、抗酸化作用で知られるポリフェノールもその一つ。

皮をむいたほうがよい料理や、皮や芯を除いて保存したほうが長持ちする野菜もあります。ムリして食べることはありませんが、捨てる前に使い切る方法を考えてみて。大根やにんじんの皮は、細く切ってきんぴらに。果物の皮は、ミキサーを使えばおいしいスムージーになります。

大根の皮
きんぴら、ベーコン炒め、浅漬け、味噌汁などに

にんじんの皮
きんぴら、甘酢漬け、天ぷら、炊き込みごはんなどに

キャベツの芯
かき揚げ、餃子のあん、ピクルス、フライ、ぬか漬けなどに

ブロッコリーの茎
肉巻き、フライ、おひたし、スープなどに

皮も食べられる果物
ぶどう／りんご／みかん／柿／桃／キウイ

皮の活用方法
皮ごと、皮だけの場合は、他の野菜や果物の皮も一緒にミキサーにかけてスムージーにする。好みでヨーグルトやはちみつなどを加えて。
スイカやメロンは、固い外皮は除いて内側の白い部分を使用。漬物、細切りにしてエスニック風のサラダにしても。

冷蔵庫使いこなしQ&A

野菜や果実の皮についた農薬の影響は？

国産の野菜、果物は、農薬の使用については厳しい基準があるので、大きな健康被害の心配はありません。水やお湯で洗っても農薬は落としきれないので、気になる場合は無農薬のものを選ぶとよいでしょう。

完全に落とすのはムリですが、塩を使って軽減する方法も。粒の大きな粗塩で野菜や果物の表面をこするか、葉物野菜などは塩大さじ4を入れた水（800㎖）に10分ほどつけます。どちらも最後に丁寧に水で洗い流します。

栄養たっぷり！　捨てちゃう皮で「ベジブロス」を作ろう

「ベジブロス」とは、野菜でとるだし（ブロス）のこと。ふつうは捨ててしまう皮やへたを使う「材料費ゼロ」のだしは、味を調えてそのままスープに、煮物やカレー、シチューのベース、肉や魚の漬け汁など、だしとしてさまざまな料理に使えます。

基本の材料
- 長ねぎの青い部分、セロリの葉や切り落とした部分
- 皮　玉ねぎ・大根・にんじんなど
- へた　玉ねぎ・かぶ・トマトなど
- 軸　パセリ・しいたけなど

少量がよいもの
- なす、さつまいもの皮　色素が溶け出てブロスが赤くなる
- キャベツ、ブロッコリー、小松菜などアブラナ科の野菜
  イオウ成分を含むため、たくさん入れると独特のニオイがする

材料（作りやすい分量）
野菜の皮・へた　両手1杯分（クズや切れ端　約200g）
水　　　　　　　1200㎖
酒　　　　　　　小さじ1

準備　50℃洗い
ボウルに沸騰したお湯と水を各同量入れて50～55℃のお湯にする。野菜の泥や汚れをお湯の中で落とす。
※湯温45℃以下では雑菌が繁殖しやすいので注意。

作り方
❶大きめの鍋に水を注ぎ、よく洗った野菜の皮・へた・切れ端を入れる。
❷酒を加えてから火にかけ、弱火で20～30分煮る。
❸アクは取らなくてOK。ボウルの上にざるを置き、❷をこす。

保存方法

冷蔵する
冷蔵　5～6日間

塩をひとつまみ加えてボトルに入れる。5～6日を限度に冷蔵室で保存し、なるべく3日程度で使い切る。

冷凍する
冷凍　2～3ヵ月

冷凍用保存袋、または製氷皿に入れる。冷凍保存中も野菜の切れ端から栄養が溶け出すのでこさずに冷凍しても。

使い方
味噌汁、スープ、鍋、おひたし、炊き込みごはん、カレーなど

小袋調味料がスッキリ片づくおいしいレシピ9選

小袋調味料が溜まる理由は、納豆やうなぎなどに付属でついてきても「使わないから」です。だから、解決策は「使うこと」。簡単でおいしい活用レシピをご紹介します。

➕ 小松菜のおひたし

納豆のたれ

作り方
小松菜1/3束は塩ゆでして水けを絞り、4cm長さに切って器に盛る。納豆のたれ1袋とかつお節適量をふる。

➕ だし巻き卵

作り方
卵2個と納豆のたれ1袋を混ぜ合わせる。フライパンにサラダ油小さじ1を熱し、卵液を何回かに分けて流し入れ、卵焼きにする。

➕ わかめスープ

作り方
器に納豆のたれ2袋、乾燥わかめ2g、粗みじん切りにした長ねぎ大さじ1/2を入れる。熱湯120〜150mlを注いで混ぜ、いり白ごま少々をふる。

➕ ちくわとパプリカの照り焼き

作り方
フライパンにごま油小さじ1を熱し、乱切りにしたちくわ2本分と赤パプリカ1/2個分を炒める。焼き色がついたら、うなぎのたれ小さじ2を加えさっと炒め合わせる。器に盛りいり白ごまをふる。

うなぎのたれ

➕ 肉そぼろ

作り方
フライパンにサラダ油小さじ1を熱し、豚挽き肉100gを炒める。軽く火が通ったら、うなぎのたれ大さじ2を加え煮詰める。

+ 味つけ卵

焼きそばの粉末ソース

作り方
ポリ袋に殻をむいたゆで卵2個、焼きそばの粉末ソース½袋を入れる。袋の空気を抜いて口を縛り、冷蔵室で一晩おく。

+ そばめし風おにぎり

作り方
茶碗2杯分のごはんに、焼きそばの粉末ソース1袋を加えてよく混ぜる。おにぎりにし、お好みで焼き海苔で包む。

+ 揚げなす

餃子のたれ

作り方
なす1本は乱切りにして油で揚げ、餃子のたれ1袋で漬ける。器に盛り、小口切りにした万能ねぎ少々を散らす。

+ きゅうりの中華漬け

作り方
きゅうり1本は棒で叩いて割りほぐし、ポリ袋に入れ餃子のたれ1袋で漬ける。器に盛り、いり白ごまをふる。

長く・おいしく・使い切る冷蔵&冷凍「道具」の事典

食品保存にラップや容器は欠かせません。便利なアイテムを上手に使えば、ひと手間かけた保存の効果も一段とアップ。食材や食品、作りおきおかずを長く、おいしく、衛生的に保存できます。

使用する保存方法・保存場所

- **常温** 常温保存
- **冷蔵** 冷蔵保存・冷蔵室
- **冷凍** 冷凍保存・冷凍室

※このほか、本書ではアルミシート、ダブルクリップを保存に利用しています。

アルミトレー
冷蔵 / 冷凍 / 急速冷凍 / 小分け

軽く、傷つきにくいうえ、熱伝導がよく、家庭での急速冷凍を可能に。チルド室解凍や食材をバラバラに凍らせるためにも欠かせないアイテム。

アルミカップ
冷蔵 / 冷凍 / 急速冷凍 / 小分け

大根おろしなど水けの多いもの、イクラのようにラップでは包みにくいものを小分け冷凍するときに使う。

新聞紙
常温 / 冷蔵 / 包む / 湿らせる

丸ごとの野菜や泥つきのものは、気軽に使える新聞紙で。通気を保ちながら野菜を冷気から守る。野菜室の底に敷いて汚れ防止にも。

キッチンペーパー
常温 / 冷蔵 / 冷凍 / 包む / 水けを拭く / 湿らせる

保存前に、食材の表面についた水分を拭き取る際に使うほか、冷蔵・冷凍保存時の保湿に役立つ。

製氷皿
冷凍 / 小分け

牛乳やだし汁など液体を冷凍する際に。完全に凍結するまでふたかラップをかけておくとよい。

Part 3 お金が貯まって、家事がラクになる活用テク 長く・おいしく・使い切る冷蔵&冷凍［道具］の事典

冷蔵庫使い切りTools

ラップ
常温 / 冷蔵 / 冷凍

ファスナー付き袋、密閉容器とともに食品保存に不可欠なアイテム。大小サイズをそろえて、保存するものの量や大きさによって使い分けるとムダが少ない。

密閉する / 包む / 小分け / 湿らせる / まとめる

ビン
常温 / 冷蔵 / 冷凍

水を張って野菜を立てて保存する際は、ガラスの空きビンやグラスを使うと安定する。キッチンペーパーで包んだハーブや青菜は、プラスチック製の容器でも。

密閉する / 湿らせる / 立てる

アルミホイル
冷蔵 / 冷凍

アルミホイルは熱伝導がよく、肉や魚はラップと二重に包むとより凍結時間を短縮できる。食パンを冷凍するときは、アルミホイルで包むと、凍ったままオーブントースターでおいしく焼ける。

包む / 小分け

袋
常温 / 冷蔵 / 冷凍

密閉保存が簡単にできるファスナー付きの保存袋は、食品保存の必須アイテム。冷凍には必ず冷凍用を。大きなものや密閉性をあまり必要としない場合は、ポリ袋が便利。

密閉する / 小分け / 急速冷凍 / 立てる / 包む / まとめる

容器
常温 / 冷蔵 / 冷凍

汁けのあるもの、ラップで包みにくいもの、小さなものをまとめるなど、常温から冷凍まで利用度が高い。

密閉する / 小分け / まとめる / 湿らせる

ペットボトル
冷蔵 / 冷凍

湿らせる / まとめる / 立てる

野菜などを立てて保存する際に使う。洗ってよく乾燥させた清潔なボトルを使うこと。野菜室の深さなどスペースに合わせて上部をカットし、縁にマスキングテープなどを貼る。

Part 4 冷蔵・冷凍保存&活用事典

家庭でよく使う食材全88種類を野菜、肉、魚など8ジャンルごとに五十音順で紹介。冷蔵・冷凍の方法から解凍、調理例まで、おいしさを保って、すぐに使える食材の保存事典です。

保存&活用事典の見方

食材

挽き肉
（牛・豚・合い挽き）

| 食材 | 食材は、ジャンルごとに五十音順で掲載。合い挽き肉、豚挽き肉、牛挽き肉のように、保存期間や保存方法が同じ場合は、1つにまとめて紹介しています。 |

冷蔵期間の目安と保存方法

チルド 2日

表面の水分を拭き取って、ラップでぴったりと包む。保存袋に入れて、中の空気を抜いて閉じる。

冷蔵 食材を冷蔵保存する際の保存期間の目安と保存方法を表示しています。

場所 保存場所と期間の目安
冷蔵保存する際の保存期間の目安と保存場所。食材の保存に適した庫内の場所を以下のように表示しています。

冷蔵 冷蔵室　野菜 野菜室　チルド チルド室　ドア ドアポケット

食材の保存方法
冷蔵する食品、すぐ使う生鮮食品の保存方法。購入日に使い切れなかった野菜や肉、魚などを冷蔵する場合もこちらの方法で。

冷凍期間の目安と保存方法

冷凍 3週間

保存袋に薄く平らに入れる。菜箸などで袋の上から筋を入れる。使うときは、凍ったまま筋のところで折って取り出す。

冷凍 食材を冷凍する際の保存期間の目安と保存方法を表示しています。

冷凍 保存場所と保存期間の目安
保存場所は冷凍庫。冷凍した食材はここに書かれた「保存期間の目安」内で使い切るようにします。

食材の保存方法 食材を家庭で冷凍する際の保存方法。「保存袋」「保存容器」は、冷凍用のものを使ってください。

解凍方法 家庭で冷凍した食材に適した5つの解凍方法を下のようなマークで表示。

解凍方法・調理例

凍ったまま 冷蔵室
肉団子、チリコンカン、ピーマンの肉詰め
少量なら「そのまま」、まとめ買いしたら「調理して小分け」。凍ったまま衣をつけて揚げればメンチかつになる。

凍ったまま 凍ったまま調理　冷凍した食材をそのまま調理します。詳しい方法は、次ページ（P77）をご覧ください。

調理例 冷凍した食材をおいしく調理するヒントを、簡単なレシピや調理方法で紹介しています。

家庭で冷凍した食材をおいしく解凍する5つの方法

冷凍した食材の風味や栄養を損なわず、おいしく調理する大切なポイントは「解凍方法」。食材によっては冷凍すると食感が変わるものがあり、どんなふうに解凍するかで調理後のおいしさも違ってきます。
冷凍保存のメリットを活かすためにも知っておきたい解凍の秘訣。この事典では、次の5つの解凍方法から食材ごとに適した方法をおすすめしています。

凍ったまま　凍ったまま調理する

食材を凍ったまま調理に使います。解凍中の温度変化によるダメージが抑えられ、解凍時間がかからないので下ごしらえと調理の時短になるのもメリット。

こんな食材に　汁物、炒め物など加熱調理する野菜、干物、貝類、下味をつけた肉・魚、たれ、ソース類、餃子など。

冷蔵室　冷蔵室で解凍する

冷蔵室の温度3～6℃の低温で解凍する方法です。肉・魚は、金属トレーにのせて、チルド室かパーシャル室に半日ほどおいて、冷蔵室より低温で時間をかけて解凍すると理想的。

こんな食材に　使うまでに8時間以上あるときに、生の状態で調理したい肉や魚、ハム、ソーセージ、乳製品など。

氷水　氷水につけて解凍する

密閉できる保存袋か容器ごと氷水につけて解凍する方法です。冷蔵室解凍と同程度の低温で、短時間に解凍できるのがメリット。氷の代わりに保冷剤を使っても。流水解凍は、食材の風味が損なわれやすく、時間も長くかかるので氷水解凍のほうがおすすめ。

こんな食材に　生の状態に早くもどしたい肉、魚など。

レンジ　電子レンジで加熱調理

調理済みで冷凍したものに適しています。生ものは、加熱ムラができないように加熱時間を短めに設定を。

こんな食材に　ごはん、パン、スープ、調理後に冷凍した揚げ物、煮物、炒め物など。加熱しないで食べる野菜。市販の冷凍食品。

常温　室温（15～25℃）に置く

解凍してそのまま食べるもの、半解凍で調理したいものに向いています。

こんな食材に　五目寿司の具材、油揚げ、塩辛、わさび、しょうが、にんにく、お菓子、ゆでて冷凍した枝豆やそら豆、たれやソース。

野菜

	青じそ（大葉）	オクラ	かぶ
食材			
冷蔵期間の目安と保存方法	**冷蔵 3週間**  少量の水を入れた空きビンにさし、ふたをして保存。水は4〜5日に1度取り替える。	**冷蔵 7〜10日**  へたを下にして、少量の水を入れたビンに入れる。水を4〜5日に1度取り替える。	**野菜 身1週間・葉3日**  葉は、湿らせたキッチンペーパーと保存袋で二重に包んで立てて保存。身は、キッチンペーパーで包んで保存袋に入れる。
冷凍期間の目安と保存方法	**冷凍 1ヵ月**  水洗いして水けを拭き取り、ざく切りにして保存袋に入れる。	**冷凍 1ヵ月**  塩でうぶ毛を落としてから冷凍。丸ごと、小口切りなど使いやすいかたちで。	**冷凍 1ヵ月**  葉と身、どちらも使いやすい大きさに切って、水けを拭いてから保存袋に入れる。葉は軽くゆでても。
解凍方法・調理例	**凍ったまま** 炒め物、卵焼き、チャーハン、パスタの具、煮びたし 冷凍すると香りが弱くなるので、薬味にするより彩りとして活用を。	**凍ったまま 氷水 常温** うどんのトッピング、炒め物、汁物、サラダの具材、和え物に 加熱調理する場合は、凍ったままでOK。凍ったままでも簡単に刻める。	**凍ったまま** 煮物、汁物、鍋物の具材、炒め物の彩り 身は煮物に。すりおろして冷凍するとかぶら蒸しにすぐ使える。葉は、汁物、鍋物などの具、煮物、炒め物の彩りなどに。

かぼちゃ	きのこ類	キャベツ

かぼちゃ

野菜　1週間

種とわたを取り、切り口にキッチンペーパーをかぶせてポリ袋に入れる。

冷凍　1ヵ月

生のまま使いやすい大きさに切って、保存袋に半らに並べて入れる。

凍ったまま　レンジ

煮物、天ぷら、シチュー、サラダ

煮物は、凍ったまま煮汁に入れて加熱する。天ぷらや素揚げにする場合も凍ったままでOK。

きのこ類

野菜　7～10日

石づきや根元を残したまま、乾いたキッチンペーパーで包んで保存袋に入れる。水分が多いえのきは、冷蔵での保存期間は4～5日。

冷凍　1ヵ月

石づきや根元を切り落とし、小房にほぐして保存袋に入れ、凍結するまで平らに寝かせておく。

凍ったまま

炒め物、汁物、鍋物の具や和え物に

冷凍するとうまみがUP！　凍ったまま調理する。

キャベツ

野菜　7～10日

カットしたものは、切り口全体をキッチンペーパーで覆う。保存袋に入れ、切り口を下に向けて保存。ペーパーが濡れたら取り替える。

冷凍　1ヵ月

芯の厚い部分はそぎ落とし、使いやすい大きさにざく切りする。保存袋に入れて、平らに寝かせて凍結させたら立てて保存。

凍ったまま　常温

炒め物、鍋物などに即席漬物

自然解凍して水けを絞れば、ゆでた状態と同じ食感のおひたしに。

Part 4　冷蔵・冷凍保存＆活用事典

野菜　青じそ（大葉）／オクラ／かぶ／かぼちゃ／きのこ類／キャベツ

野菜

	きゅうり	グリーンアスパラ	ゴーヤー
食材			
冷蔵期間の目安と保存方法	野菜 2週間  1本ずつ、キッチンペーパーで巻いてからラップで包む。まとめて立てて保存する。	冷蔵 10日  根元を少し切り取る。根元がかぶるくらい水を入れたビンに穂先を上にしてさし、ポリ袋をかぶせる。	野菜 5日  縦半分に切って、種とわたを取る。切り口にキッチンペーパーをかぶせてラップで包み、へたを上に向けて立てて保存。
冷凍期間の目安と保存方法	冷凍 1ヵ月  薄い輪切りにして塩少々でもみ、水けを絞る。小分けしてラップで包み、保存袋に入れる。	冷凍 1ヵ月  根元の固い部分を削る。使いやすい大きさに切って、保存袋に平らに並べて入れる。	冷凍 1ヵ月  薄切りにして1分ほど水にさらし、水けを拭き取ってから保存袋に入れる。
解凍方法・調理例	凍ったまま / 氷水 **サラダ、和え物、炒め物やスープの具** サラダや和え物にすぐ使えて便利。ほとんどが水分のきゅうりは傷みやすいので、残ったらこの方法で冷凍保存を。	凍ったまま / レンジ **パスタ、炒め物、スープ、ベーコン巻き** カットしないで1本ずつ冷凍しても。凍ったまま手でパキパキ折れる。	凍ったまま / 常温 **天ぷら、かき揚げ、炒め物、和え物、スムージー** すぐに冷凍を。自然解凍して水けを絞れば、おひたしに。加熱調理には凍ったまま使う。

ごぼう	さつまいも	しいたけ

野菜 2週間 / 野菜 1ヵ月 / 野菜 1週間

ごぼう（野菜・2週間）
新聞紙で包み、ポリ袋に入れる。洗いごぼうの日持ちは3日。湿らせたキッチンペーパーで包んで保存袋に。

さつまいも（野菜・1ヵ月）
1本ずつ新聞紙で包み、ポリ袋に入れる。

しいたけ（野菜・1週間）
石づきをつけたまま軸を上にして2～3個ずつキッチンペーパーで包んで保存袋に入れる。保存の際も軸は上向きに。

冷凍 1ヵ月 / 冷凍 1ヵ月 / 冷凍 1ヵ月

ごぼう（冷凍・1ヵ月）
使いやすいかたちに切って水にさらし、水けをきってから保存袋に並べて入れる。

さつまいも（冷凍・1ヵ月）
水洗いして、2cm厚さの輪切りにする。水にさらしてアク抜きして、水けを拭き取ってから保存袋に入れる。

しいたけ（冷凍・1ヵ月）
軸を取ってカサだけ丸ごと、もしくは使いやすいかたちに切って保存袋に入れる。

凍ったまま
きんぴら、豚汁、かき揚げ、卵とじなどに
調理後、時間がたつと黒ずむことがあるため、冷凍したごぼうはすぐ食べるときに。凍ったままでもカットできる。

凍ったまま / レンジ
レモン煮、甘露煮、天ぷら、大学芋、サラダ、きんとん
つぶして使う予定なら皮をむいて冷凍すると便利。加熱してつぶしてから冷凍しても。

凍ったまま
うま煮、グリル、炒め物、汁物、ちらし寿司の具
冷凍するとカサに切り込みを入れるのがラク。丸ごとのものはうま煮やグリルに。切ったものは、そのまま炒め物、汁物に。

Part 4 冷蔵・冷凍保存＆活用事典
野菜　きゅうり／グリーンアスパラ／ゴーヤー／ごぼう／さつまいも／しいたけ

野菜

	じゃがいも	春菊	ズッキーニ
食材			
冷蔵期間の目安と保存方法	**野菜 3ヵ月（夏期）**  芽が出やすいので夏場は冷蔵庫へ。新聞紙に包んでからポリ袋に入れる。	**野菜 5〜7日**  ポリ袋に入れて口を結ぶ。葉先を上にして立てて保存する。	**野菜 7〜10日**  低温に弱いので、キッチンペーパーで包んでから保存袋に入れて。夏期以外は常温保存でも。
冷凍期間の目安と保存方法	**冷凍 1ヵ月**  皮をむいて使いやすいかたちに切り、水にさらしてから水けをよくきって保存袋に入れる。ゆでてつぶしても。	**冷凍 1ヵ月**  使いやすい長さに切って、保存袋に平らに並べて入れる。	**冷凍 1ヵ月**  生のまま輪切りにして、保存袋に重ならないように並べて入れる。
解凍方法・調理例	**凍ったまま／レンジ** 揚げ物、煮物、つけ合わせ、グラタン、コロッケ、サラダ つぶして冷凍しておくのも便利。濡らしたキッチンペーパーで包み、レンジ解凍してマッシュポテト、サラダ、グラタンなどに。	**凍ったまま** 鍋物、炒め物、煮びたし、和え物、すき焼き 生のままでは日持ちせず、傷みやすい野菜なので、少しでも余ったらすぐに冷凍して正解。	**凍ったまま** 炒め物、味噌汁、素揚げ、ラタトゥイユ、グラタン、ピカタ 用途にあわせてかたちや大きさを変えて冷凍しておくと便利。

スナップえんどう・絹さや	セロリ	大根

野菜 7〜10日 / 冷蔵 10日 / 冷蔵 7〜10日

- どちらも乾燥に弱いので、湿らせたキッチンペーパーで包んで容器に入れふたをして保存する。
- 茎は使いやすい長さに切って、水を張った容器で保存。水は3〜4日に1度取り替える。
- 縦3等分にカットして、それぞれキッチンペーパーで包んでポリ袋に入れる。ペーパーは湿ってきたら交換。

冷凍 1ヵ月 / 冷凍 1ヵ月 / 冷凍 1ヵ月

  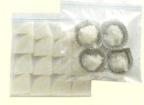

- 筋を取って生のまま冷凍。保存袋になるべく重ならないように平らに並べて入れる。
- 葉と茎をそれぞれ使いやすいかたちに切って、保存袋に入れる。1本分、1回分など小分け保存を。
- 使いやすいかたちに切る、すりおろすなどする。カットしたものは、保存袋に入れる。おろしたものは、アルミカップに小分けする。

凍ったまま
卵とじ、スープ、ちらし寿司の具、炒め物、サラダ

水分が少ないので冷凍向き。凍ったままでカットできる。絹さやは自然解凍すると軽くゆでたような状態になる。

凍ったまま / 常温
ピクルス、スープ、炒め物、パスタ、おひたし

半端に残った分をみじん切りにして冷凍しておくと、カレーやミートソース、スープを作るときに重宝する。

凍ったまま / 常温
おでん、煮物、ふろふき大根、漬物、大根フライ

大根の葉は、冷蔵しないで、切り落としたらすぐに刻んで冷凍して、味噌汁や汁物の実、煮物の彩りに使う。

Part 4 冷蔵・冷凍保存＆活用事典
野菜　じゃがいも／春菊／ズッキーニ／スナップえんどう・絹さや／セロリ／大根

野菜

	青梗菜（チンゲンサイ）	豆苗	トマト
食材			
冷蔵期間の目安と保存方法	野菜 5～7日  ポリ袋に入れて口を結ぶ。葉先を上に向けて、ペットボトルに立てて保存。	冷蔵 10日  根元を切って保存容器に入れ、ひたひたの水を注いでふたをして保存。3～4日おきに水を取り替える。	野菜 10日  へたを取り除き、ラップで1個ずつ包む。保存袋に入れ、へたを下にして保存する。
冷凍期間の目安と保存方法	冷凍 1ヵ月  使いやすいかたちに切って、2～3株分ずつ、保存袋に入れる。	冷凍 1ヵ月  根元を切り落としてほぐし、保存袋に平らにならして入れる。	冷凍 1ヵ月  丸ごと、もしくは粗みじんに切って、保存袋に入れ平らにして冷凍する。使うときは、袋の上から手で折って必要な分だけ取り出す。
解凍方法・調理例	凍ったまま / 常温 おひたし、煮びたし、炒め物、クリーム煮、和え物、味噌汁 青菜は葉が青々しているうちに冷凍して。冷凍した青梗菜は、加熱調理の際、厚みのある茎の部分に火が通りやすくなり、時短になる。	凍ったまま 煮びたし、かき揚げ、炒め物、パスタ、汁物や和え物の青みに 長さは、使うときに凍ったまま切ればOK。クセがないので、青みが欲しいときに冷凍してあると便利。	凍ったまま / レンジ / 常温 トマトソース、トマト煮、カレー、マリネ、そうめん、パスタの具 そうめんのつゆに添えたり、マリネやソースに使ったりするには凍ったままでOK。

長ねぎ

冷蔵 10日

ビンに立てて入る長さに切る。底から高さ2cmほど水を注ぎ、ふたをして保存。水は3日おきに交換。

冷凍 1ヵ月

白い部分は使いやすい大きさに切って、保存袋に並べて入れる。青い部分はラップで包む。

凍ったまま
味噌汁、煮びたし、すき焼き、そばやうどんの薬味

凍ったままで切れるので、この方法は小口切りより用途が多い。青い部分は、肉・魚料理の臭み取り、スープなどに。

なす

野菜 10日

水けを拭き取り、ラップで1個ずつ包んで保存袋に入れる。へたを上にして、袋ごと立てて保存。

冷凍 1ヵ月

使いやすいかたちに切って、水にさらしてアクを抜く。水けをよく拭き取り、保存袋に並べて入れる。

凍ったまま
味噌炒め、麻婆なす、天ぷら、揚げびたし

天ぷらやフライなどの揚げ物は、凍ったまま衣をつけて揚げればOK。蒸しなす用に、皮をむいて丸ごと冷凍しても。

にら

冷蔵 10日

容器に収まる長さにカット。ひたひたにかぶるくらいの水を入れ、ふたをして保存する。

冷凍 1ヵ月

使いやすい長さに切る。保存袋に入れ、よくほぐして平らにならす。

凍ったまま
餃子のたね、炒め物、卵とじ、チヂミ、ラーメンやスープの具

日持ちしないうえに、切り口から水分が出てニオイを放つので、使い残しは早めに冷凍する。

Part 4 冷蔵・冷凍保存&活用事典 野菜 青梗菜／豆苗／トマト／長ねぎ／なす／にら

野菜

食材	にんじん 	ハーブ類 	白菜 
冷蔵期間の目安と保存方法	野菜 2〜3週間  表面の水けを拭き取り、キッチンペーパーで1本ずつ包んで保存袋などに入れる。	野菜 2週間  キッチンペーパーを敷いた容器に入れ、ふたをして保存。保存袋でもOK。	野菜 8〜10日  芯を切り落とし、切り口全体をキッチンペーパーで覆う。保存袋に入れ、芯を下にして立てて保存。
冷凍期間の目安と保存方法	冷凍 1ヵ月  いちょう切り、細切りなど使いやすいかたちに切り、保存袋に平らにならして入れる。	冷凍 1〜3ヵ月  葉に少し茎をつけてカットし、ポリ袋に入れる。空気を入れて少しふくらませて口を結ぶ。	冷凍 1ヵ月  水洗いして、よく水けを拭き取り、生のままざく切りにして、保存袋に平らにならして入れる。
解凍方法・調理例	凍ったまま／レンジ／常温 **きんぴら、サラダ、炒め物、カレー、汁物、つけ合わせ** 凍ったままはもちろん、常温で自然解凍して水けを絞ってナムルや和え物に。	凍ったまま **バター焼き、ハーブバター、ドレッシング、アイスティー** 袋ごと軽く振ったり、もんだりするとパラパラになる。変色するので煮物や炒め物に。	凍ったまま／常温 **炒め物、鍋物、クリーム煮、八宝菜、和え物、漬物** 細切りにして使いたいときは、凍ったまま切ればOK。常温で半解凍して漬物にしても。

ピーマン・パプリカ

野菜 1週間

丸ごとは1個ずつラップで包む。カットしたものは、へたと種を取り、切り口にキッチンペーパーをかぶせてラップで包む。

冷凍 1ヵ月

へたと種を取って、使いやすいかたちに切る。保存袋になるべく平らに入れて、空気を抜いて閉じる。

凍ったまま **常温**

肉詰め、グリル、ラタトゥイユ、ピクルス、スープ、パスタの具

少し大きめに切って、使うときは凍ったままカットすると便利。自然解凍してマリネやおひたしなどに。

ブロッコリー

冷蔵 10〜14日

根元がつかる程度に水を入れたグラスにさし、ポリ袋をふんわりとかぶせて、輪ゴムで固定する。

冷凍 1ヵ月

つぼみは小房に分け、茎は皮をむいて薄切りに。それぞれ保存袋に並べて入れる。

凍ったまま **レンジ**

カレー、シチュー、グラタン、チーズ焼き、炒め物、和え物

傷むと味も色も悪くなるので、できるだけ早いうちに冷凍しておくとよい。

ほうれんそう・小松菜

野菜 10日

傷んでいる葉は取り除き、ポリ袋に入れて、葉先を上に向けて立てて保存する。

冷凍 1ヵ月

根元を切り落とし、水洗いして水けを拭き取る。ざく切りにして保存袋に入れ、空気を抜いて閉じる。

凍ったまま **レンジ** **常温**

おひたし、煮びたし、汁物、和え物、炒め物、グラタン

根元の茎の間に泥がついていることが多いので、冷凍前によく水洗いすること。加熱調理は凍ったままでOK。小松菜は、常温で自然解凍すればおひたしに。

野菜

食材	水菜	三つ葉	みょうが

冷蔵期間の目安と保存方法	**野菜 1週間**  使いやすい長さに切って水にさらす。水けをきり、キッチンペーパーを敷いた容器に入れ、上にもペーパーをかぶせてふたをして保存。	**野菜 7～10日**  根元を水で濡らしてキッチンペーパーで包む。葉先を上に向けて立てて保存する。	**冷蔵 2週間**  保存容器に入れ、しっかりかぶるくらいの水を注ぎ、ふたをして保存。4～5日に1度は水を取り替える。切ったものはすぐ使う。
冷凍期間の目安と保存方法	**冷凍 1ヵ月**  水洗いして水けを拭き取り、使いやすい長さにカット。保存袋に入れ、空気を抜いて閉じる。	**冷凍 1ヵ月**  ざく切り、粗みじんなど使いやすいかたちに切って、保存袋に平らにならして入れる。	**冷凍 1ヵ月**  丸ごと、または輪切り、みじん切り、薄切りなど用途別に切って、それぞれ分けて保存袋に入れる。
解凍方法・調理例	**凍ったまま 常温** おひたし、鍋物、和え物、卵とじ、パスタの具 鍋物やスープなど加熱調理に活用できるが、常温で自然解凍して水けを絞ればおひたしに。	**凍ったまま** おひたし、吸い物、卵焼き、かきたまスープ、和え物 食感は変わっても鮮やかな緑色はキープ。料理の彩りや汁物、和え物などに重宝する。	**凍ったまま 常温** 炒め物、チャーハン、肉巻き 少量でもあると便利。すぐ使わない分は丸ごと、切って使い残した分はみじん切りにするなど、冷凍するのは"残りもの"で。

もやし	レタス	れんこん

もやし
冷蔵 8〜10日

保存容器に入れて、たっぷりの水を加え、ふたをして保存。2日に1度水を取り替える。

冷凍 2〜3週間

水洗いして水けをよくきり、保存袋に入れ、空気を抜いて閉じる。未開封なら包装のままでもOK。

凍ったまま / レンジ

スープ、鍋物、ラーメンの具、炒め物、和え物

水にひたすと栄養が水に流れ出すので、すぐ使う予定がない場合は、未開封のまま冷凍を。凍ったまま加熱調理がベター。

レタス
野菜 2週間

芯を少し切り落とし、切り口に小麦粉をたっぷりつける。ポリ袋に入れて、口をしっかりと結び、芯を下にして保存。外葉から使う。

冷凍 1ヵ月

水洗いして水分をしっかり拭き取る。ざく切りにして保存袋に入れ、空気を抜いて閉じる。

凍ったまま

チャーハン、卵スープ、煮びたし、オイスターソース炒め

冷凍したレタスは生食には不向き。必ず加熱調理して、スープやチャーハン、炒め物などに。

れんこん
冷蔵 1週間

使いやすい大きさに切って容器に入れて、かぶるくらいの水を注ぎ、酢を加え、ふたをして保存。一節のものは濡れた新聞紙に包んでポリ袋に入れて野菜室へ。

冷凍 1ヵ月

使いやすいかたちに切って酢水にさらす。水けをよく拭き取って、保存袋に平らに並べて入れる。

凍ったまま / レンジ

きんぴら、スープ、煮物、天ぷら

酢水につけるのは、えぐみや変色を抑えるため。穴の中に泥が残っていることもあるので、冷凍する際はよく洗って、しっかり水けを拭き取っておく。

Part 4 冷蔵・冷凍保存＆活用事典 ❄ 野菜 水菜／三つ葉／みょうが／もやし／レタス／れんこん

果物

	アボカド	いちご	オレンジ・グレープフルーツ	スイカ
食材				
冷蔵期間の目安と保存方法	野菜 1週間 ラップで包んで保存袋に入れる。カットしたものは種つきで保存して、3日以内に使う。	野菜 5〜6日 洗わずにへたを下にして重ならないように保存容器に並べて入れ、ふたをして保存。	野菜 2週間  ポリ袋に入れて保存。カットしたものは、切り口にラップを密着させて包み、早めに食べる。	冷蔵 4〜5日  果肉を一口大に切り、保存容器に入れる。
冷凍期間の目安と保存方法	冷凍 1〜2ヵ月 皮と種を取り、一口大に切って、レモン汁をかけて保存袋に入れる。	冷凍 3ヵ月  砂糖をまぶして保存袋に入れる。いちご1パックに対して砂糖大さじ1½くらいが目安。	冷凍 2ヵ月  皮と薄皮を除いて、果肉を1房ずつアルミトレーに並べて凍結させてから、保存袋にまとめる。	冷凍 2ヵ月  一口大に切って、アルミトレーに並べて凍結させてから、保存袋や保存容器にまとめる。
解凍方法・調理例	冷蔵室 常温 スムージー、フリッター、ディップなどに クリーム状につぶして、塩、ハーブなどを混ぜたワカモレ風ディップにして冷凍しても便利。	凍ったまま シャーベット、スムージー、ジャム、洋酒漬け 凍ったままシャーベット風に食べる。スムージーやジャムなどに使う。	凍ったまま 常温 ジャム、コンポート、シャーベット 半解凍で食べるのがおすすめ。たくさんあって食べ切れないときは、果肉を絞ってジュースで冷凍しても。	凍ったまま 常温 シャーベット、スムージー、フルーツパンチ 凍ったままソーダ水に浮かべたフルーツパンチは、あっさりと甘く、夏にぴったりな飲み物に。

バナナ	ぶどう	メロン	レモン

野菜 7〜10日	野菜 1週間	野菜 2〜3日	野菜 7〜10日

1本ずつラップかアルミホイルで包んで、保存袋に入れる。夏場は傷みやすいので冷蔵を。	洗わずに、軸を5mmほど残して1粒ずつ枝から切り離して、保存容器に入れる。	種を取って、ラップを切り口に密着させて包み、ポリ袋に入れる。	丸ごとはラップに1個ずつ包んで保存。カットしたものは、少量の水を入れたグラスに切り口を下にして入れ、ラップで覆う。
冷凍 1ヵ月	冷凍 3〜4ヵ月	冷凍 2ヵ月	冷凍 2ヵ月

皮をむいて輪切りにして、保存袋に平らに並べて入れる。	実を1粒ずつ外して、保存袋に平らに並べて入れる。	皮と種を取って、一口大に切る。アルミトレーに並べてバラバラに凍結させてから保存袋や保存容器にまとめる。	くし形切りや果汁にして冷凍を。アルミトレーに並べて凍結させたら容器や保存袋にまとめる。
凍ったまま	凍ったまま 常温	凍ったまま 常温	凍ったまま 常温
シャーベット、ミルクシェイク	**シャーベット、シェイク、ジャム**	**シャーベット、スムージー、生ハム巻き**	**ドレッシング、アイスティー、揚げ物に添える**
ヨーグルトに加えると美味。ほどよい甘みが辛さを引き立てるのでカレーの隠し味に使っても。	皮の表面の白いものはぶどうの甘さの証拠。洗わずに冷凍、凍ったまま皮ごと食べるとおいしくて、ゴミも出ない！	完熟ギリギリまで常温におくのがポイント。食べ頃になったらカットして、すぐ冷凍が正解！	揚げ物などに添えるときは常温解凍で。皮をすりおろすには、凍ったままのほうが使いやすい。

Part 4 冷蔵・冷凍保存＆活用事典 ❄ 果物 アボカド／いちご／オレンジ・グレープフルーツ／スイカ／バナナ／ぶどう／メロン／レモン

牛・豚・鶏肉

	厚切り肉	薄切り肉	ステーキ肉
食材			
冷蔵期間の目安と保存方法	**チルド 2〜3日**  水けを拭き、ラップでぴったり包む。保存袋に入れ、空気を抜いて閉じる。	**チルド 2〜3日**  水分を拭き取り、1枚ずつずらして、薄く平らに重ねて、ラップでぴったりと包んで保存袋に入れる。	**チルド 2〜3日**  水けを拭き、ぴったりとラップで包んで保存袋に入れ、中の空気を抜いて閉じる。
冷凍期間の目安と保存方法	**冷凍 3〜4週間**  水けを拭き、ラップでぴったりと包む。さらにアルミホイルで包み、アルミトレーに並べて凍結したら、保存袋にまとめる。	**冷凍 3〜4週間**  数枚ずつ薄く重ねて、ラップでぴったりと包み、保存袋に入れて空気を抜いて閉じる。加熱、味つけしたものも小分けに。	**冷凍 3〜4週間**  水けを拭き、ラップで包んでアルミホイルで包む。アルミトレーに置いて凍らせてから、保存袋か容器に入れる。
解凍方法・調理例	凍ったまま / 冷蔵室 / 氷水 **とんかつ、ビーフかつ、とんテキ、味噌漬け** 下味をつけて冷凍すると、繊維が壊れて味がよくしみこみ、やわらかくなる。衣をつける、塩や醤油などで味つけした場合は、1ヵ月保存できる。	凍ったまま / 冷蔵室 / 氷水 **肉じゃが、しょうが焼き、しゃぶしゃぶ、すき焼き、肉巻きおにぎり** 傷みやすいので、すぐ使わないようなら購入当日に冷凍保存を。ゆでたり、下味をつけたりして冷凍すると1ヵ月保存できる。	冷蔵室 **サイコロステーキ、シチュー、カレー、ポトフ** 空気に触れないようにすることが大事。冷蔵でも冷凍でも、1枚ずつ密閉保存して。一口大にカットして冷凍すると、解凍時間が短く、使い道も多い。

挽き肉（牛・豚・合い挽き）	ブロック肉	鶏ささみ

チルド 2日	**チルド 2〜3日**	**チルド 2〜3日**

表面の水分を拭き取って、ラップでぴったりと包む。保存袋に入れて、中の空気を抜いて閉じる。	水けを拭き、全体をぴったりとラップで包む。保存袋に入れて、空気を抜いて閉じる。	水分を拭き取る。ラップでぴったりと包み、保存袋に並べて入れる。
冷凍 3週間	**冷凍 3〜4週間**	**冷凍 3〜4週間**

保存袋に薄く平らに入れる。菜箸などで袋の上から筋を入れる。使うときは、凍ったまま筋のところで折って取り出す。	水けを拭き、ラップでぴったりと包む。全体をアルミホイルで包み、アルミトレーにのせて凍らせる。凍結したら保存袋に入れて、冷凍室下段の奥で保存。	筋に沿って包丁を入れて身を開く。酒をふってしばらくおき、水分を拭き取ってからラップでぴったりと包み、保存袋に入れる。
凍ったまま／冷蔵室	**冷蔵室**	**凍ったまま／冷蔵室／氷水**
肉団子、チリコンカン、ピーマンの肉詰め	**ローストビーフ／ポーク、煮豚、ワイン煮、ポトフ**	**フライ、バンバンジー、ピカタ、はさみ揚げ**
少量なら「そのまま」、まとめ買いしたら「調理して小分け」。凍ったまま衣をつけて揚げればメンチかつになる。	使用前日にチルド室に移して。用途が決まっていないなら切り分けて冷凍。ボイルしたものは1ヵ月保存でき、ゆで汁も冷凍してスープや煮物に使える。	「そのまま」冷凍がおすすめ。調理して冷凍するより手間がかからず、使い勝手よし！ ゆでる、蒸すなど加熱調理は凍ったまま、半解凍でラクに切れる。

Part 4 冷蔵・冷凍保存＆活用事典 牛・豚・鶏肉 厚切り肉／薄切り肉／ステーキ肉／挽き肉／ブロック肉／鶏ささみ

鶏肉・加工品

	鶏手羽先・手羽元	鶏挽き肉	鶏むね肉
食材			
冷蔵期間の目安と保存方法	**チルド 2〜3日**  流水で洗って、水けをしっかりと拭き取る。保存袋に並べて入れて、空気を抜いて閉じる。	**チルド 2日以内**  水分を拭き取る。ラップでぴったりと包んで、保存袋に入れる。	**チルド 2〜3日**  水けを拭き取り、塩と酒をふって、ラップでぴったりと包む。保存袋に入れ、空気を抜いて閉じる。
冷凍期間の目安と保存方法	**冷凍 3〜4週間**  酒をふってしばらくおき、水けをよく拭く。保存袋に並べて入れ、空気を抜いて閉じる。	**冷凍 3週間**  薄く平らに保存袋に入れて空気を抜いて閉じる。菜箸などで袋に筋を入れる。使うときは、筋のところを折って取り出す。	**冷凍 1ヵ月**  醤油、酒、塩などで下味をつけて、パサつき、固くなるのを防ぐ。ラップで包んで保存袋に入れ、空気を抜いて閉じる。
解凍方法・調理例	**凍ったまま** **冷蔵室** **氷水** **から揚げ、グリル、煮物、カレー、スープ** 焼く、煮る、揚げるなどの調理は凍ったまま、もしくは半解凍でOK。から揚げ、手羽焼きなど調理済みで冷凍したものも、必ず再加熱して食べる。	**凍ったまま** **冷蔵室** **レンジ** **つくね、ハンバーグ、そぼろ、オムレツ** 小分け冷凍して、使うときは、チルド室に2〜3時間おいて半解凍、または電子レンジで加熱を。肉団子やつくねにしたものは、凍ったまま調理OK。	**凍ったまま** **冷蔵室** **氷水** **ポトフ、から揚げ、竜田揚げ、鶏チャーシュー、鶏ハム、照り焼き** 味つけしないで冷凍する際は、半分、一口大など使いやすくカット。下処理は冷蔵と同じ要領で。低温でゆっくり解凍するとパサパサにならない。

鶏もも肉	ソーセージ	ハム・ベーコン

チルド 2～3日	**チルド 消費期限内**	**チルド 消費期限内**

塩と酒をふって、水けを拭き取る。ラップでぴったりと包み、保存袋に入れて空気を抜いて閉じる。	乾燥しないように、開封したら包装から出して、保存袋に入れる。	未開封なら包装のままで。開封したら、包装から出して保存袋に入れ、中の空気を抜いて閉じる。
冷凍 3～4週間	**冷凍 3～4週間**	**冷凍 3～4週間**

そのまま保存なら冷蔵と同じ。ゆでたり、下味をつけたりした場合も、一回に使う分ずつ小分けして保存する。	そのまま、または食べやすく切って保存袋に入れる。中の空気をできるだけ抜いて閉じる。	1枚ずつラップで包んで、アルミトレーに並べて凍らせ、凍結したら保存袋にまとめる。細く切って、袋に並べて凍らせても。
凍ったまま / 冷蔵室 / 氷水	凍ったまま / 常温	凍ったまま / 冷蔵室 / 常温
から揚げ、照り焼き、シチュー、カレー	**ポトフ、トマト煮込み、ジャーマンポテト、おでん、焼きそば**	**ジャーマンポテト、スープ、パスタ、サラダ**
使い道が決まっていたら、カット&ゆでて冷凍が便利。皮も捨てずにゆでて冷凍。酢の物やきんぴらに加えるなど活用して。	開封後は乾燥して食感が悪くなるのですぐに密閉保存を。購入当日に使わない分は即冷凍して、なるべく早く使い切る。	冷蔵室で自然解凍。切ったものは凍ったまま調理する。乾燥すると風味が落ちるので、冷凍するときも、密閉する工夫が大事。

Part 4 冷蔵・冷凍保存＆活用事典

鶏肉・加工品 鶏手羽先・手羽元／鶏挽き肉／鶏むね肉／鶏もも肉／ソーセージ／ハム・ベーコン

魚介・海産物

	いか	イクラ	えび
食材			
冷蔵期間の目安と保存方法	**チルド 3日**  内臓などを取って水洗いする。足と胴体に分けてラップで包む。保存袋に入れ、空気を抜いて閉じる。	**チルド 2日以内**  未開封なら包装のままで。開封後は、密閉性の高いふた付き容器に移し替えて保存する。	**チルド 2～3日**  背わたや殻を取り、水で洗って水けを拭き取る。保存袋に平らに並べて入れる。
冷凍期間の目安と保存方法 	**冷凍 1ヵ月**  内臓などを取って、水洗いして、水けを拭き取る。使いやすいかたちに切り分けて、部位ごとに保存袋に平らにならして入れる。	**冷凍 1ヵ月** 少量ずつアルミカップに入れ、アルミトレーに並べて凍らせてから保存容器にまとめる。	**冷凍 1ヵ月**  背わたや殻を取り、水で洗って水けを拭き取る。保存容器に入れ、えびがかぶるくらいの水を注ぎ、ふたをして冷凍する。
解凍方法・調理例 	**凍ったまま／氷水** 煮物、バター焼き、焼きそば、お好み焼き、チヂミ 煮物は凍ったままで使ってもOK。凍らせても持ち味が損なわれないので、3日以内に使い切れないなら即冷凍を。	**冷蔵室** ちらし寿司、パスタ、酢の物、茶碗蒸し 味つけされたものでも冷蔵は1週間が限度。冷凍するなら小分けにして、凍結したら密閉できる容器に入れ、解凍はチルド室で。	**凍ったまま／冷蔵室／氷水** 焼きそば、茶碗蒸し、天ぷら、フライ、ガーリックシュリンプ 一度に使う分ずつ小分けして"氷漬け"にした容器ごと氷水解凍。ゆでるときは、凍ったまま熱湯に入れても。

貝（あさり・はまぐり）

冷蔵 3〜4日

バットにあさりを並べて、塩水を注ぐ。新聞紙をかぶせて保存。ラップを使う場合は、楊枝で数ヵ所穴を開ける。

冷凍 3週間

砂抜きして、殻をよく洗って水けを拭き取る。保存袋に平らに入れ、空気を抜いて閉じる。えびと同じ要領で"氷漬け"保存しても。

凍ったまま **氷水**

クラムチャウダー、パスタ、酒蒸し、汁物

二枚貝は、殻をつけたまま生で冷凍保存でき、うまみもアップ。袋ごと氷水解凍、酒蒸し、汁物など殻ごと使う場合は、凍ったまま使っても。

魚・一尾

チルド 購入当日

内臓を取り除き、流水で洗う。お腹の中まで水けを拭き取って、1尾ずつラップで包んで保存袋に入れ、空気を抜いて閉じる。

冷凍 3週間

冷蔵と同じ要領で下処理後、使いやすいかたちに切って保存袋に入れ、空気を抜いて閉じる。

凍ったまま **冷蔵室** **氷水**

グリル、みぞれ煮、南蛮漬け、アクアパッツァ

三枚おろしやぶつ切りなどさばいてから冷凍しても使いやすい。一尾魚は「生」と表示されたもの、近海もの以外は、調理して冷凍する。

魚・切り身

チルド 2日以内

塩をふってしばらくおき、出てきた水分を拭き取る。1切れずつラップでぴったりと包み、保存袋に入れて空気を抜いて閉じる。

冷凍 3〜4週間

塩と酒をふってしばらくおき、出てきた水分を拭き取って、ラップで1切れずつ包んで、保存袋に入れる。

凍ったまま **冷蔵室** **氷水**

照り焼き、味噌漬け、フレーク、お茶漬け、炊き込みごはん、カレー

購入当日に食べ切れない分は、その日のうちに冷凍する。焼く、煮る、炊き込みごはんなどを作るときは、凍ったままか半解凍で。

Part 4 冷蔵・冷凍保存&活用事典　魚介・海産物　いか／イクラ／えび／貝／魚・一尾／魚・切り身

魚介・海産物

	刺身	しらす・ちりめんじゃこ	たこ
食材			
冷蔵期間の目安と保存方法	**チルド 購入当日**  サクは、水けを拭き取って、厚手のキッチンペーパーで包んでラップをかける。翌日以降は、生食を避け加熱調理して食べる。	**冷蔵 しらす3日 ちりめんじゃこ8日**  しらすは、ざるに入れて乾燥させながら保存。ちりめんじゃこは、ふたつき容器で密閉保存する。	**チルド 3〜4日**  水けを拭いて、1本ずつラップで包み、保存袋に入れて空気を抜いて閉じる。
冷凍期間の目安と保存方法	**冷凍 2週間**  サクは冷凍不可。切り身は、種類ごとにラップでぴったりと包む。さらにアルミホイルで包んで保存袋に入れ、空気を抜いて閉じる。	**冷凍 3〜4週間**  しらすは、少量ずつラップで包んで保存袋に。ちりめんじゃこは、保存袋に平らにならして入れる。	**冷凍 1ヵ月**  使いやすいかたちに切って、保存袋に平らに並べて空気を抜いて閉じる。
解凍方法・調理例	**凍ったまま／冷蔵室** **醤油漬け、照り焼き、竜田揚げ、フリッター** サクは再冷凍になるので冷凍できない。切り身の刺身も購入当日に下処理して冷凍した場合のみ。解凍後は必ず加熱調理して食べる。	**凍ったまま／冷蔵室** **チャーハン、酢の物など** 冷蔵室で自然解凍。しらすはカビが発生しやすいので、すぐ使わない場合は冷凍保存を。チャーハンやパスタソースを作るときに、凍ったまま手でほぐしながら加えても。	**凍ったまま／冷蔵室／氷水** **から揚げ、たこ飯、アヒージョ、たこ焼き** 生のものは刺身と同様に。ゆでだこも冷凍後は、加熱調理したほうがよい。スライスしたり、かたちを変えて切ったりしておくと、凍ったまま使えて便利。

たらこ・明太子	練り製品	干物

チルド 1〜2週間	**チルド 3日以内**	**チルド 4〜5日**

1腹ずつラップでぴったりと包んで、保存袋に入れる。使いかけは戻さないこと。切り分けると傷みやすくなるので、焼いて保存して、早めに食べ切る。	1個ずつラップで包んで、保存袋に入れて空気を抜いて閉じる。かまぼこは、板付きのままラップを切り口に密着させて包む。	1枚ずつラップでぴったりと包み、保存袋に入れて空気を抜いて閉じる。
冷凍 2〜3ヵ月	**冷凍 1ヵ月**	**冷凍 2〜3週間**

1腹ずつラップで包む。もしくは、薄皮を取ってアルミカップに小分けして、凍ってから保存袋に入れる。	食べやすく切って、使いやすい分量ずつ保存袋に入れる。重ならないように並べて、中の空気を抜いて閉じる。	1枚ずつラップでぴったりと包む。アルミホイルで包んで、保存袋に入れて空気を抜いて閉じる。
凍ったまま / 冷蔵室	**凍ったまま / 冷蔵室**	**凍ったまま**
チャーハン、タラモサラダ、ディップ、ドレッシング、パスタソース	**ピカタ、チーズ焼き、天ぷら、おでん、フライ**	**お茶漬け、冷や汁、混ぜごはん、ふりかけ**
冷蔵室で自然解凍が基本。温かいごはんでおにぎりを作る、ゆでたてのじゃがいもやマヨネーズと和えるときなどは、凍ったまま加えても。	冷蔵室で自然解凍。半解凍でラクに切れる。揚げ物、煮物、汁、鍋物に使うときは凍ったまま、半解凍でも。	凍ったまま中火で焼く。焼いて、身をほぐしてから冷凍すると、フレークやふりかけとしてすぐに使えて便利。

Part 4 冷蔵・冷凍保存＆活用事典 魚介・海産物 刺身／しらす・ちりめんじゃこ／たこ／たらこ・明太子／練り製品／干物

加工食品

	厚揚げ（生揚げ）	油揚げ	おから
食材			
冷蔵期間の目安と保存方法	**冷蔵 開封後3〜4日**  キッチンペーパーで包んで保存袋に入れる。油抜きは使う直前に。場所に余裕があればチルド室へ。	**冷蔵 3〜4日**  1枚ずつラップでぴったりと包んで、保存袋にまとめる。油抜きは使う直前に。	**チルド 2〜3日**  未開封ならそのまま。開封後は、ラップでぴったり包んで保存袋に入れる。1回分ずつ小分けしても。
冷凍期間の目安と保存方法	**冷凍 1ヵ月**  表面の水分、油分を拭き取り、使いやすい大きさに切って、保存袋に平らに並べて入れる。	**冷凍 1ヵ月**  使いやすいかたちに切り、小分けしてラップでぴったりと包んで保存袋にまとめる。	**冷凍 1ヵ月**  からいりして冷ます。使いやすい分量ごとラップで包んで、保存袋にまとめる。
解凍方法・調理例	**凍ったまま／冷蔵室** 含め煮、おろし煮、あんかけ、煮びたし 日持ちしないので、切り分けたものや使い残しは、早めに冷凍して。冷凍すると味が染み込みやすくなるので、煮物に最適。	**凍ったまま／常温** 味噌汁、煮びたし、いなり寿司、天ぷら、クルトン 冷凍したものは油抜きなしでOK。気になるなら解凍を兼ねて熱湯をかけて。	**凍ったまま／冷蔵室** ハンバーグ、うの花、コロッケ、肉団子、マフィン、ドーナツ 1袋の分量が多いので余ってしまいがち。2〜3日中に使い切れないようなら即冷凍する。

こんにゃく

冷蔵 賞味期限内

パックに入っていた水、もしくは普通の水を注いだ容器に入れて保存。水量は、こんにゃくがしっかりとつかるくらいに。水の場合は2～3日おきに取り替える。

冷凍 1ヵ月

使いやすい大きさや量に分けて冷凍。解凍を急ぐときは、氷水につける。

凍ったまま / 氷水

から揚げ、お好み焼き、ステーキ、煮物

使いたい分だけ解凍できるように小分けしておくと便利。冷凍すると鶏皮や軟骨のような食感に。鶏がらスープにつけて解凍し、お好み焼きに入れるとおいしい。

豆腐

冷蔵 賞味期限内

すぐ使わないものはパックから出して保存。容器に塩をひとつまみ加えた水を張って、豆腐を入れてふたをする。塩水は毎日取り替える。

冷凍 2～3週間

使いやすい大きさに切って、アルミトレーに並べて冷凍。凍ったら保存袋にまとめる。未開封ならパックのままで。

凍ったまま / 冷蔵室 / 氷水

天ぷら、から揚げ、麻婆豆腐、肉団子

購入当日に使わないものはパックごと冷凍がおすすめ。水分が抜けて、鶏肉のような食感になるので、肉代わりにいろいろな料理に使える。

納豆

チルド 賞味期限内

パックのまま、チルド室で保存。ニオイ移りが気になる場合は、保存袋に入れる。

冷凍 1ヵ月

パックのまま保存袋に入れて、できるだけ空気を抜いて閉じる。

凍ったまま / レンジ / 常温

まぐろ納豆、納豆汁

パックのまま、常温で自然解凍。急ぐときは、電子レンジ（600W）で20秒加熱。汁物には、凍ったまま加えても。

卵・乳製品

	牛乳	卵	チーズ
食材			
冷蔵期間の目安と保存方法	**ドア / 冷蔵　消費・賞味期限内** 開封後は開け口をクリップで留めて保存。場所に余裕があれば冷蔵室に置く。消費・賞味期限にかかわらず、開封後は早く使い切って。	**冷蔵　賞味期限内**  尖ったほうを下にして保存。温度変化の激しいドアポケットは避け、パッケージごと庫内に置いても。	**チルド　賞味期限内** スライスチーズは乾燥に弱いので保存袋に入れてチルド室で保存。ピザ用チーズは未開封ならチルド室で、開封後は冷凍保存を。
冷凍期間の目安と保存方法	**冷凍　1ヵ月**  製氷器に流して凍らせる。小さい紙パックならそのまま冷凍。飲用には向かないが料理にいろいろ使えて便利。	**冷凍　1ヵ月**  そのまま保存袋に入れる。溶き卵にして保存容器で凍らせる方法も。	**冷凍　1ヵ月** 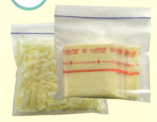 ピザ用チーズは、密閉できる袋や容器に入れて即冷凍がおすすめ。スライスチーズは、1枚ずつずらして保存袋に入れ、空気を抜いて閉じる。
解凍方法・調理例	**凍ったまま** 少し残った牛乳は冷凍しておくと便利。解凍してもそのままでは飲めないけれど、シチューやホワイトソースに使う、飲み物に加えるなど使い道はたくさんある。アイスコーヒーに氷代わりに加えても。温かい味噌汁に入れてもおいしい。	**冷蔵室** 凍らせた卵は解凍すると、卵白は元通り、卵黄は半熟卵のような食感に。卵がたくさん余っているときは、卵焼きにして冷凍するのもおすすめ。殻ごと冷凍する際は、表面をきれいに水洗いして水けを拭く。	**凍ったまま** 庫内が汚れているとチーズの品質にも影響するので注意。ピザ用チーズは水分と湿気に弱く冷蔵庫からの出し入れが多いとカビが発生しやすいので、開封後は、密閉できる袋や容器に入れて冷凍室へ。凍ったまま手でパラパラにほぐして使う。

生クリーム

冷蔵 開封後3日以内

開封後も包装パックのままで、開け口をクリップで留めて保存し、期限前でも3日以内に使い切る。

冷凍 1ヵ月

ホイップして、ラップを敷いたアルミトレーに絞って冷凍。凍ったら、1つずつラップで包んで保存容器に並べて入れる。

凍ったまま / 冷蔵室

温かい飲み物や、パスタやグラタンのソースを作るときは、凍ったまま加える。好みで砂糖を加えて冷凍しても。ケーキのデコレーション用に冷凍する場合は、冷蔵室かチルド室で解凍する。

バター

冷蔵 1〜2ヵ月

少量ずつ切り分けて保存容器に入れる。残りは包装の銀紙を切り口に密着させ、保存袋に入れて冷凍する。

冷凍 1年

切り口に銀紙を密着させ、全体をラップで包んで保存袋に入れる。小さく切り分けたものは、密閉できる容器に入れるか、ラップで包んで保存袋に入れる。

冷蔵室 / レンジ / 常温

油脂分が多いバターは腐りにくい反面、保存状態によって分離したり、カビが生えることも。冷凍→解凍のくり返しは厳禁。未開封のものは、包装のまま保存袋に入れて冷凍すると1年くらい保存できる。

ヨーグルト

チルド 開封後5日以内

移し替え時に雑菌が入りやすいので購入時の容器のまま、チルド室で保存を。菌の活動が弱まり、風味を長く保てる。

冷凍 1ヵ月

砂糖、はちみつやジャムなどを加えて、保存容器で冷凍。フルーツや甘味料入りのものはパッケージのままでOK。

凍ったまま / レンジ / 常温

カレーやパスタソースなど加熱調理で使うときは凍ったままで。電子レンジ（600W）で30秒加熱するか、常温で半解凍して、軽く混ぜるとフローズンヨーグルトとして楽しめる。

主食

	切り餅	餃子の皮	ごはん
食材			
冷蔵期間の目安と保存方法	**冷蔵 2週間**  水けを拭き取って、中心に練りわさびを入れたアルミカップを置いた保存容器に並べ、ふたをして保存する。	**チルド 開封後3日**  開封したらチルド室で保存し、3日以内に使う。ラップで包んで保存袋に入れる。	**チルド 2日**  よく冷ましてから1食分ずつラップでぴったりと包むか、密閉できる容器に入れる。冷蔵するとパサパサになるのでチャーハンやリゾットに使う。
冷凍期間の目安と保存方法	**冷凍 5〜6ヵ月**  1個ずつラップで包む。4〜6個ずつ保存袋に並べて入れて、中の空気を抜いて閉じる。	**冷凍 1ヵ月**  使いやすい分量ごとにラップで包み保存袋に入れる。使うときは冷蔵室で解凍する。	**冷凍 1ヵ月**  温かいごはんを1食分ずつ、ラップに薄く均一に広げて、蒸気ごと密閉するようにぴったりと包む。冷ましてから冷凍する。
解凍方法・調理例	**凍ったまま** 冷蔵するときは、酸素を吸収し、カビの発生を抑える効果があるわさびを入れる。冷蔵は、長くても2週間以内、それ以上長く保存したい場合は、買ってすぐに冷凍して。ゆでる、焼く、どちらも凍ったままでOK。	**冷蔵室** 解凍後使い切れなかった分を再び冷凍するのはNG。未開封でも、使い切れないようなら小分け冷凍に。凍結すると皮が割れやすくなるので、上にものを置かないこと。アルミトレーにのせて保存すると、冷凍焼けや解凍時のベタベタが防げる。	**レンジ** 「炊きたて」の熱いうちにラップで包み、しっかり冷ましてから冷凍するのがポイント。水分を閉じ込めることで、解凍後も炊きたてのふっくらとした仕上がりに。リゾットや雑炊は、解凍後に水を通してぬめりを取るとおいしくなる。

Part 4 冷蔵・冷凍保存＆活用事典

❄ 主食 切り餅／餃子の皮／ごはん／精米／生麺・ゆで麺／パン

精米

野菜　精米日から1〜2ヵ月

きれいに洗って中まで乾燥させたペットボトルや、大きめの保存袋で保存する。野菜室に入らなければ、冷蔵室やドアポケットでも。

冷凍　精米日から1〜2ヵ月

ペットボトルに口ギリギリまで入れて、冷凍室の奥で保存。少量なら保存袋を二重にして使う。

凍ったまま

一定温度で気密性もある冷蔵庫はお米の保存にも最適。場所に限りがあるので、当面使う分は野菜室、入り切らない分や日常使わないもち米は冷凍室へ。冷凍によるお米の劣化の心配はなく、凍ったままボトルを野菜室に移すだけで解凍は不要。

生麺・ゆで麺

チルド　開封翌日

未開封なら消費期限まで包装のまま保存可。開封後は、翌日中に食べて。1玉ずつラップで包んで保存袋に入れ、空気を抜いて閉じる。

冷凍　1ヵ月

未開封のものは包装のままで。開封したものは、1玉ずつラップで包んで保存袋に入れ、空気を抜いて閉じる。

凍ったまま

保存方法は同じなので、翌日使わないものは即冷凍して。使うときは、沸騰したお湯に凍ったまま入れて、ほぐしながらゆでる。すぐ食べられるので夜食や"鍋のしめ"に重宝する。

パン

野菜　3日

常温か冷凍保存がベストだが、カビが発生しやすい時期は、野菜室で保存を。乾燥してしまったらフレンチトーストに。

冷凍　2〜4週間

食パンは1枚ずつ、ロールパンは1個ずつラップで包む。保存袋にまとめ、空気を抜いて閉じる。

凍ったまま　冷蔵室　常温

パンをできるだけおいしく長く保存するなら冷凍が正解。厚切り食パンやロールパンは、前日に冷蔵室に移して自然解凍してから焼いたほうがおいしい。食パンやフランスパン、ベーグルは、霧吹きで水を吹きかけて焼くとしっとり。

おかず・おやつ

おすすめ保存方法

おやつ

冷蔵 温かいものは冷ましてから冷蔵庫に入れる

パンケーキなどを焼いてすぐに食べないときは、しっかり冷ましてから冷蔵室に入れる。

冷凍 個包装で使いやすくレンジ加熱も簡単！

`レンジ`

おやつ用には電子レンジ加熱ですぐ食べられるものが最適。1つずつラップで包んで冷凍しておけば、温めるのも簡単で、ラップの使用量、洗いものの手間も減らせる。

缶詰

冷蔵 開封したら別の容器に入れ替えて早く使う

開封した缶詰の使いかけをそのまま保存はNG。必ず別の容器に移して冷蔵室で保存し、なるべく早く、できれば開封後1〜3日で使い切る。

冷凍 缶のまま冷凍はNG 缶から出してラップで密閉冷凍を！

缶が破裂したりさびたりする危険性があるので、缶詰の冷凍は厳禁。未開封なら常温保存。開封して残ったら缶から出して、ラップでしっかり密閉して冷凍を。2週間以内に使うこと。

おすすめ保存方法

惣菜

冷蔵 残量がわかるように透明な容器に入れて！

惣菜（作りおきおかず）をまとめて作ったら小分けして保存すると便利。粗熱がしっかり取れてから容器に入れて冷蔵室で保存を。買ってきたお惣菜は日持ちしにくいので、早めに食べきることを心がけて。

冷凍 お弁当からおもてなしまで使える小分け冷凍がとにかく便利！

`凍ったまま` `レンジ`

切り干し大根やひじきの煮物などの常備菜は、使いたいときに必要な分だけ解凍できるように小分け冷凍しておく。加熱調理後に冷凍したものは、電子レンジで短時間に解凍でき、箸休めやおつまみ、お弁当、夕食のおかずなど使い道もたくさん！

卵焼き

冷蔵 粗熱が取れたら一口大にカットして保存

まとめて作っておくと便利な卵焼き。粗熱がしっかり取れたら保存容器に入れて冷蔵庫へ。保存期間は5日間。冷凍しておいた溶き卵で卵焼きを作る場合は、2〜3日で食べ切りましょう。

冷凍 卵焼きと溶き卵に分けて冷凍 お弁当には凍ったまま入れて

`冷蔵室` `氷水`　　`凍ったまま` `レンジ`

溶き卵は調理用、卵焼きはお弁当用など用途に見合った量で冷凍すれば、作りすぎて"うっかり再冷凍"を防げる。溶き卵は、茶碗蒸し、親子丼、プリンやお菓子作りにも使えて便利。お弁当に入れる卵焼きは、食べる頃に自然解凍しているので凍ったままでもOK。

漬物

チルド 低温保存で発酵をストップ！酸味もまろやか

漬物はチルド室で保存すると、発酵を抑えられるのでおいしさが長持ち。たとえばキムチを早く発酵させて酸味を味わいたいなら冷蔵室保存、酸味を抑えて長く保存したいならチルド室に。保存場所を変えて好みの味を楽しんで。

冷凍 水分の少ない漬物ならOK！

`冷蔵室` `常温`

水分の多い浅漬けだと解凍後の食感が今ひとつ。たくあんやしば漬けなど干して漬けたものなら冷凍OK！マリネ液や和風だしに、生のまま凍らせた大根やパプリカなどの野菜を漬ければ10分でおいしい浅漬けに。塩分の多い梅干しは凍結しない。

ハンバーグだね

チルド まとめて作って当日分はチルド室で保存

挽き肉が安いときにまとめ買いして、夕食と冷凍用をその日に作れば一度の手間でムダなく使える。

冷凍 家で食べる分は"たね"でお弁当用は"焼いて"冷凍

`凍ったまま` `レンジ`

`冷蔵室` `氷水`

焼きたてを食べたい家用は"たね"で冷凍。お弁当用は小さめにまとめて、夕食分と一緒に焼いて、冷ましてからラップで個包装して冷凍。加熱調理してあるので、凍ったままお弁当に入れてもOK。

洋菓子

冷蔵 生クリームを使ったケーキは紙製の箱から出して密閉保存を

ケーキは紙製の箱のまま冷蔵庫に半日以上保存すると、乾燥するだけでなく、ニオイを吸収してしまう。とくに生クリームを使ったケーキは、庫内のニオイが移りやすいので、紙製の箱から出してラップをかけるか、プラスチックやガラスの容器で保存する。

冷凍 フルーツは取り除く

`凍ったまま` `冷蔵室`

1個ずつラップをかける、深さのある保存容器を逆さに使って冷凍を。ケーキの上にのっているフルーツは食感が変わってしまうので取り除く。冷蔵室で半解凍状態にして食べるのがおすすめ。プリンは解凍せずアイスのように食べたほうがおいしい。保存は1ヵ月以内を目安に。

和菓子

野菜 賞味期限は24時間以内一時保存するなら野菜室で

和菓子のようにでんぷん系の材料を多く使う食品や、低温では結露によって品質低下するチョコレートの保存に冷蔵室は不向き。ラップ＋保存袋で乾燥を防ぎ、少し温度の高い野菜室で保存する。

冷凍 その日のうちに食べないものはしっかり密閉して即冷凍

`冷蔵室` `常温`

大半の和菓子は、1ヵ月程度ならおいしさを保って冷凍保存できる。食べ切れない場合は、1個ずつラップで包んで冷凍用保存袋に入れて、なるべく早く冷凍すること。常温（夏場は冷蔵室）に1〜2時間おいて自然解凍する。

Part 4 冷蔵・冷凍保存＆活用事典 おかず・おやつ／缶詰／惣菜／卵焼き／漬物／ハンバーグだね／洋菓子／和菓子

保存の基本テクニック

上手に保存して、おいしく食べるために、ここで冷蔵・冷凍の基本テクニックをおさらいしておきましょう。ポイントを押さえて実践するだけで、長持ち・使い切りがラクにできます。

冷蔵　食材はその日のうちに適切な処理をして保存する

＋ 水けをよく拭き取る

サラダを作るときは野菜の水きりをしても、保存のときは忘れがち。キッチンペーパーや清潔な乾いたふきんなどで水けをしっかり拭き取りましょう。

水分がついたまま保存すると、食品が傷みやすく、嫌なニオイが出ることも。冷凍する際も水けを拭き取ることはおいしく長持ちさせる保存の「基本のき」です。

＋ 芯をくりぬく

レタスやキャベツは、芯の部分から傷み始めるので、芯を取り除いて湿らせたキッチンペーパーを丸めて入れておきます。包丁で芯のまわりに三角形に切り込みを入れると、手でラクにくりぬけて、切り口が茶色くなることもありません。

＋ 塩・酒・酢で臭みを取って日持ちよく

肉や魚のように傷みやすいもののぬめりやニオイを防いで、日持ちをよくするのに欠かせないのが塩・酒・酢。塩や酒を軽くふって、しばらくおくと表面に出てくる水分をよく拭き取っておくことも大切なポイントです。すぐ生臭くなる青魚には酢水にさっとくぐらせる"酢洗い"も効果的。殺菌作用のあるしょうがを加えたたれにつける、下味をつけることでも保存性が高まります。

＋ ラップ・袋・新聞紙を使い分ける

ラップ、保存容器や袋は、使いやすいサイズのものを常備しておきましょう。泥つきの長ねぎや里芋、冷気に弱くてふだんは常温保存するじゃがいもを冷蔵するときは、新聞紙で包んでも。大きな野菜も丸ごと包めて、泥や葉クズで庫内が汚れる心配もなし。新聞紙が湿っていたら野菜から水分が出ている証拠。乾いた新聞紙に取り替えます。

冷凍　小分け→密閉→急速凍結→低温解凍がポイント

＋ 小分け＆薄くの工夫で素早く凍結

いかに素早く食品を凍らせるかで、保存性と解凍後の状態が違ってきます。食品が最も早く凍る温度は－40℃付近。市販の冷凍食品は、この温度帯で作られていますが、家庭の冷凍室は－18〜－20℃。できるだけ短時間で凍結させるには、食材を小さく、薄くする工夫が大事。小分けして、薄く平らになるように保存袋に入れます。

＋ ひと手間かけて使いやすいかたち・分量に

食材を冷凍するなら、使いやすいかたち・分量にして冷凍しておくと便利。たとえば、ゆずやレモンを冷凍する場合、丸ごとラップで包んでおけば簡単ですが、果汁を使うとなると解凍に時間がかかります。解凍時間を短くしたいなら、絞って果汁にし、皮は細切りにしてから冷凍を。ひと手間かけて冷凍保存することで、使い勝手が格段によくなります。

＋ 寝かせて凍結→1時間後に手でもみバラバラに

食材を冷凍する場合は、上段のアルミトレーの上に袋ごと寝かせて凍結。凍ったら下段に移して立てて保存します。細切りやざく切りにした野菜などを冷凍する場合は、1時間後に取り出して手でもむか、袋ごと軽く振りましょう。完全に凍結してもバラバラになってくっつかず、使う量だけ取り出せるので便利です。

＋ 解凍は低温でゆっくり「緩解凍」

肉や魚を解凍すると、ドリップと呼ばれる赤みを帯びた水分が流れ出てくることがあります。これには食品のうまみや栄養も含まれているので、味わいを保つためには凍った細胞が一気にとけてしまわないように、低温で時間をかけて解凍することがポイントです。冷蔵室やチルド室での解凍は7〜8時間もかかるけれど、食材は生に近い状態に。袋や容器ごと氷水につける方法も同じ効果があり、冷蔵庫よりも短時間で解凍できます。

Part 5 片づけ・掃除・メンテナンスの知恵袋

扉を閉めてあると気づかない、中に入って掃除できない冷蔵庫は、汚れも、掃除のしかたもちょっと特別。気をつけていても汚れやすい冷蔵庫の片づけや掃除のコツを紹介します。

汚れる前に汚さない「予防掃除」で冷蔵庫を清潔に保つ

　一日に何度もドアの開け閉めをくり返し、さまざまな食品を出し入れする冷蔵庫は、内側も外側も実はとても汚れやすい場所です。使いかけや食べかけのものをしまうとき、調理中の油がついた手でドアを開けるとき、ちょっとした不注意でついた汚れが日々溜まっていきます。

　冷蔵庫を開けるたびに「掃除しなくちゃ」と思っても、他にするべきことがたくさんあって後回しになりがち。毎日使っているからこそ、掃除のタイミングをつかみにくいというのも、冷蔵庫の中にものと汚れが溜まっていく理由の1つです。

　こまめなケアが大切だと頭ではわかっていても、実行するのは意外と大変。かといって、そのままにはしておけません。まずは日々のキッチン仕事の合間にできる「片づけ」からスタート。庫内を清潔に保つには「掃除」も欠かせません。そして、働きづめの冷蔵庫をチェック＆ケアする「メンテナンス」も大事。片づけ→掃除→メンテナンスのローテーションで、汚れる前に汚さない「予防掃除」を実践しましょう。

「予防掃除」のローテーション

1 片づけ

　冷蔵庫の中がスッキリと片づいていると、嫌でも汚れが目についてしまうもの。汚れは時間が経つほど落としにくくなりますが、ついてすぐならクロスでさっと拭き取れます。Part 2の「見える・まとめる・取り出せる」を実践できていれば、片づけも不要なくらい。もし、実践しているのにものがいっぱい、カゴやトレーをいちいち移動させないと汚れが拭き取れない、という状態だったら、どこかでムリが生じているのかも。"7割ルール"を意識して、まずは賞味期限が過ぎたものから片づけましょう。

2 掃除

冷蔵庫の"在庫"が少ない、買い物に行く直前が、掃除のタイミングです。掃除の前に庫内のものを出すにも、終わってから戻すにも、ものが少なければ時間も労力もかかりません。また、新たに買ってきたものをしまうにも、掃除で清潔にした後のほうが気持ちいいに決まっていますよね。

買い物前でなくても「ものが少ないとき」ならいつでもかまいません。衛生的な状態で使用するためには、1ヵ月に1回の掃除が理想的。せめて3〜4ヵ月ごと、季節の変わり目の冷蔵庫掃除をおすすめします。

3 メンテナンス

冷蔵庫の外側は、前面、天面、床、背面とそれぞれに汚れの種類が違います。とくに、天面と床、背面は、掃除の間隔があくとホコリや汚れが蓄積して、キッチンの衛生状態や冷蔵庫の機能にも影響するので気をつけて。天面に新聞紙を敷く、一日の終わりに冷蔵庫まわりの床に掃除機をかけるといったことも「予防掃除」のメンテナンスの一つです。気づいたときにやっておけば、掃除するにもラクだし、電気代の節約にもつながります。

そうだお掃除しょ〜

ドア閉めるのが先でしょ

メンテナンスのチェックポイント

- **天面** ホコリ、油煙、蒸気など
- **庫内** 食材の汁やクズなど
- **パッキン** 食材の汁、クズ、カビなど
- **前面** 手垢、油煙や食材の汁など
- **背面・プラグ** ホコリ、油煙、蒸気、カビなど
- **取っ手** 手垢、ホコリ、食材の汁など
- **床面** ホコリ、油煙、蒸気、食材の汁やクズなど

冷蔵庫ラボ 長くおいしく食い切る

霜

冷凍室の温度が上昇することで起きる現象。温かい外気が当たると食品の水分が気体になり、再び低温になると小さな氷の粒となって食材や庫内の壁に付着する。霜がついた食材は食べても健康にさほど影響はないが、風味、食感ともに格段に落ちる。

霜がつかないようにするには
+ 食材を入れた袋の中の空気を抜く
+ 扉の開閉時間を短く、回数を減らす
+ すき間ができないようにものを収納する

Part 5 片づけ・掃除・メンテナンスの知恵袋 ❄ 汚れる前に汚さない「予防掃除」で冷蔵庫を清潔に保つ／「予防掃除」のローテーション

ムリなく続く「片づけ」の知恵

"後回し"がよくないとわかってはいても、忙しいと忘れてしまうことも。でも、大丈夫！　汚れやすいところの「予防」と家事の合間にできる「ついで片づけ＆掃除」で、庫内の"ごちゃごちゃ"と"こびりつき汚れ"は解決します。

汚れやすい場所は「予防」しておく

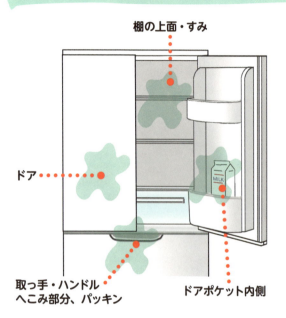

棚の上面・すみ
ドア
取っ手・ハンドル　へこみ部分、パッキン
ドアポケット内側

➕ よく使うもの・場所のまわりは汚れやすい

　冷蔵庫の内側、外側で汚れやすいのは、よく使うものや場所のまわりです。ものを出し入れするときに手を触れるドアには手垢。引き出し式の野菜室、冷凍室、製氷室などの取っ手には、調味料の液垂れや食材のクズ、ホコリが溜まっていることが。直接触ることは少ないのに汚れやすいのがゴムパッキンや棚のすみです。

　外側では、冷蔵庫の上下、壁とのすき間にホコリが溜まりがち。外側の汚れは、調理中の蒸気や油煙がホコリと混ざって、放置するとベタッとしたこびりつき汚れになります。

　こうした場所は、毎日のケアが大切。手が届くところだけでも拭き掃除するように心がけましょう。

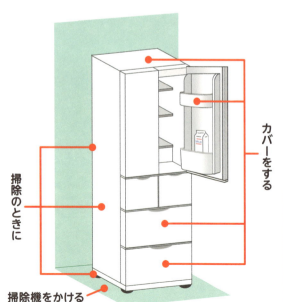

掃除のときに
掃除機をかける
カバーをする

➕ 毎日できない場所には汚れカバーを

　手が届かない、拭き掃除しにくい場所には、汚れたら取り替えられるカバーをしておきます。まわりの床は、掃除機をかけたり、拭いたりできますが、ホコリや食材のクズは冷蔵庫の下にも入り込みます。背面やすき間の奥も、年2回は冷蔵庫を動かして念入りに手入れをしましょう。

お掃除Recipe　場所別汚れ防止カバー

天面　新聞紙を敷く　※熱の吹き出し口がある場合はNG
ドアポケット　キッチンペーパーやラップを敷く
野菜室　ポリ袋の上に新聞紙を重ねて敷く
冷凍室　アルミシートを敷く

「ついで」と「ながら」で整理清掃

➕ ものを戻すついでに片づける

　コーヒーや茶葉、乾物類は缶に入れます。包装のまま使うときは、口をクリップで留めたうえ、保存袋に入れましょう。これなら中身がこぼれても、庫内にパラパラと落ちる心配はありません。

　カゴにまとめているなら、戻すときにすみに溜まるクズを取っておきます。

➕ 使ったものは片づけながら拭く

　ものはそれぞれしまう場所を決めて、使ったら必ず定位置に「戻す」ことがそのまま「片づけ」になって庫内がごちゃごちゃになることもありません。調味料やめんつゆなどは容器をひと拭きして戻せば、液垂れで庫内を汚すことなく、片づけと掃除がひと手間でできます。

➕ お掃除セットは見える場所に

　お酢は抗菌効果があり、汚れ落としに使えます。油分や糖分を含んだベタベタ汚れやカビを落とし、消臭効果もあって、庫内の拭き掃除に最適。また、重曹にも同じ効果があり、水で薄めた重曹水で食べ物汚れや手垢がスッキリと落ちます。どちらも、口に入っても安全、手荒れもしにくいので、"汚れを見つけたら拭く"を一日何度でも実行したい「予防掃除」に。クロスとセットですぐ手が届く場所に置いておきましょう。

> **お掃除Recipe　酢のお掃除活用法**
> ➕「醸造酢」「ホワイトビネガー」を使う。
> **掃除に向かない酢**　米酢・果実酢・赤ワインビネガー（色のついた酢）・調味酢
> ➕酢1に水5の割合で薄めてスプレーボトルに入れた「酢水スプレー」を作っておくと、キッチン全体の掃除に使えて便利。
> ➕「酢水スプレー」は、小さな子どもやペットがいても安心、家中の掃除に利用できる

Part 5　片づけ・掃除・メンテナンスの知恵袋　✳　ムリなく続く「片づけ」の知恵

ラクで手早い「掃除」の知識

庫内で冷え固まった汚れは、ときにガスコンロまわりの油汚れよりも厄介なことが。刺激の強い洗剤はなるべく使いたくない冷蔵庫内の掃除では、キッチンのほかの場所とは違う種類の汚れや状態に適した方法を知っておくことが大切です。

たいていの汚れは拭き掃除で落ちる

➕ ついたばかりの汚れは落としやすい

汚れはついてから時間が経つほど落としにくくなります。冷蔵庫は、ものを出し入れするたびに庫内には食べ物のクズや液垂れが、ドアには手垢汚れがつきます。ただ、こういう汚れは表面にのっているだけの状態なので、すぐでなくてもその日のうちに拭き取れば簡単に落とせます。

毎日はムリでも、気づいたときに庫内や外側の拭き掃除をしておきましょう。頑固なこびりつき汚れにならず、定期掃除にかかる時間も短くてすみます。

時間の経過

ついたばかりの汚れ
ホコリや手垢、ものを出し入れした際に飛び散った食材のクズや液垂れなど。汚れが表面にのっているだけの状態なので、乾いたクロスで拭き取るだけでOK。

表面に付着している汚れ
クロスで拭き取る程度では取れないけれど、まだ落ちやすい段階。まず水をつけてゆるめ、それでもだめなときは食器洗い用中性洗剤を薄めたものを含ませたスポンジを押し当てるようにして落とす。

こびりつき汚れ
温度や湿度の影響を受けて、油分と水分が混じって固まった頑固な汚れ。研磨剤やクレンザーを使えない冷蔵庫では、"パック"で時間をかけて落とすのが最善の方法。中性洗剤を含ませたキッチンペーパーを当ててしばらくおいてからお湯をスプレーで吹きかけて落とす。それでもだめな場合は、下の方法で。

汚れの種類	対処	使う洗剤
軽い汚れ 食品のクズや汁、手垢など	拭き取る	水・お湯、界面活性剤（食器洗い用洗剤）
ベタベタ汚れ 油分、糖分を含んで冷え固まった汚れ	溶かす	界面活性剤 ＋ 溶剤
こびりつき汚れ 油・でんぷん・タンパク汚れ	溶かす ＋ 分解・研磨	界面活性剤・溶剤 ＋ 漂白剤・研磨剤

汚れが落としにくくなるにつれて、使う洗剤は刺激が強くなる。溶剤や研磨剤は、庫内の清掃での使用は避けたほうがよい。

➕ 冷蔵庫の掃除に強い洗剤はいらない、使わない

冷蔵庫の中につく汚れは、ほとんどが食器洗い用の中性洗剤で落とせます。ただお皿や鍋のように丸洗いするわけにいかず、食品を保存する場所なので刺激の強い洗剤は避けたほうがよいでしょう。

同じ油汚れでもガスコンロまわりにつく熱で固まった頑固な汚れでなく、サビや茶渋がつくこともないのでクレンザーも必要なし。汚れやすい場所にシートを敷いたり、調味料を戻すついでに底を拭いたりして、「予防」と「ついで掃除」をしていれば、ふだんは水拭きだけで十分なくらい。掃除のときは、消臭や除菌を兼ねて酢や重曹などで作る「洗剤」（P116）をおすすめします。

季節の変わり目には念入りに掃除を

➕ 定期大掃除を習慣に

月1回が大変でも、季節の変わり目の年4回なら負担にならないのでは？ その代わり、電源を落として冷蔵庫を休ませながら、少しだけ時間と手間をかけた掃除をしましょう。ふだんはできない場所まで念入りに手入れしておけば、時間や精神的な余裕がなくて月1回の掃除をサボっても大丈夫。ものを全部出すことで、在庫チェックと整理整頓、使い方の見直しまで一度にできます。

お掃除POINT **春** 庫内のカビ・冷凍室の霜

お掃除POINT **夏** 背面のホコリと壁・製氷器

お掃除POINT **秋** 庫内の棚・汚れ予防シート

お掃除POINT **冬** 食品の整理・収納スペースの確保

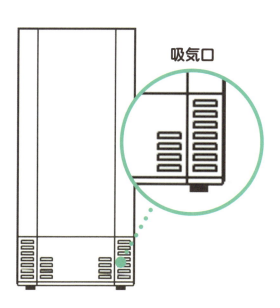

吸気口

➕ 年2回は実施したい吸気口の点検とホコリ除去

省エネを追求した冷蔵庫は、ファンで空気を吸い込んでいるので、「吸気口」にはホコリが溜まりやすくなっています。それでなくても冷蔵庫の下、後ろはホコリが溜まっても、簡単に掃除機をかけられません。「吸気口」にホコリが詰まって放熱が妨げられると、冷却効率が悪くなり、電気代が余計にかかってしまいます。キャスター付きの冷蔵庫なら、女性1人でも簡単に動かせるので、最低でも年に1回は冷蔵庫を動かして大掃除をしましょう。

冷蔵庫使いこなしQ&A

冷蔵庫掃除の際、電源は切ったほうがいい？

汚れが溜まっているときや、大掃除などでドアを30分以上開けておく場合は、電源を切りましょう。何かのついでに棚を拭く、目についた汚れを拭くなどのふだんの掃除では電源は切らなくてOKです。

電源を切って掃除をする際は、冷蔵庫を動かして、床に掃除機をかけ、プラグや背面、壁のコンセントまで手入れすると理想的。夏前に床と冷蔵庫のすき間に入り込んだホコリをしっかり取り除いておけば、ゴキブリ予防にもなります。

冷蔵庫のお掃除レシピ「洗剤」と「道具」

食器洗いに使う中性洗剤は、食べ物汚れに効くけれど、冷蔵庫の中はお皿のように洗い流すわけにはいきません。冷蔵庫のお掃除に最適で安全に使える「洗剤」と便利な「道具」について考えてみましょう。

冷蔵庫の掃除で使う「洗剤」

"ナチュラルクリーニング"という言葉をよく耳にします。肌に触れたり、口に入ったりしても害のない、身近にあるものを使って掃除をする方法で"エコ家事"とも呼ばれています。

冷蔵庫のナチュラルクリーニングに最も役立つのは「水」。水は、食器洗い用洗剤と同じ中性なので、冷えて落としにくくなった食材の汚れは、ぬるま湯で落とせます。あとは、重曹と酢があれば、たいていの汚れが簡単に落ちます。

重曹水

手垢や油汚れを浮かして取り除く。きめの細かい粉状で水に溶けにくいため、クレンザー代わりに使える。水と混ぜると洗浄力がアップ。重曹水は、汚れ落としのほか、脱臭、ヌメリ除去にも有効。

作り方
100mlのぬるま湯に小さじ1の割合で重曹を入れて、スプレーボトルに入れる。

酢水

油汚れやカビ落としに。スポンジ、まな板、包丁などの除菌、排水口、生ゴミの消臭などキッチンで大活躍まちがいなし!

作り方
穀物酢1に水5の割合で混ぜ、スプレーボトルに入れる。

オレンジやレモンなど柑橘類の香り成分「リモネン」に油汚れを落とす効果が。爽やかな香りでお掃除も楽しくできる。

オレンジワックス

作り方
鍋にオレンジの皮(1個分)が浸るくらいの水を入れて15分弱火で煮る。スプレーボトルに入れて吹きかける、あるいは布に含ませて使っても。

レモン水

作り方
レモンの輪切りや果汁を絞ったあとの皮を水に10分ほど浸す。仕上げの拭き掃除、庫内の消臭にも。

冷蔵庫の掃除で使う道具

　冷蔵庫の掃除に特別な道具はいりません。拭き掃除が中心のため、使い古しでかまわないので、洗って乾燥させた清潔なタオルやふきんなどクロス類は多めに用意しましょう。高いところや冷蔵庫下のホコリを取るのに便利なのが、針金ハンガーとストッキングで作る「モップ」。本来なら捨ててしまうものが、リサイクルより上をいく"アップサイクル"で役にたつ道具になります。

綿棒
パッキンの内側や庫内のすみなどの細かい部分の汚れを取るときに使用。乾いた状態で落ちないときは、水、ぬるま湯、重曹水や酢水を含ませて使う。

温タオル
冷えて固くなっている庫内の汚れは、温かいタオルでゆるませると落としやすい。使用直前に、水で軽く絞ったタオルをポリ袋に入れて、電子レンジ（600W）で30〜40秒加熱する。

曲がるモップ
フックの部分を持って引き伸ばした針金ハンガーに、古タオルを巻きつけた上から使用済みのストッキングで包んだ「曲がるモップ」。奥のほうは伸ばしたまま、棚の上など平面に使うときは、ほどよい角度で折り曲げると使いやすい。

平モップ
材料は「曲がるモップ」と同じ針金ハンガー＋ストッキング。作り方はひし形にしたハンガーをストッキングで包むだけ。冷蔵庫下のすき間に差し込んで床掃除をするのに便利。

歯ブラシ
使い古したものでOK。カッターで毛先を半分くらいにカットする。力が入りやすく、強度がアップ。パッキンやすみについた汚れをこすり落とす。

片づけ・除菌・消臭も一度にできる徹底掃除

冷蔵庫を空にして行う掃除のしかたを詳しく紹介します。週末など、庫内の食品が少なくなるタイミングがおすすめ。汚れが気になるほどではないうちに実行すれば、時間と手間をぐ〜んと省けます。

使うものを用意して、床に新聞紙を敷いておく

洗剤、タオルやモップなどの掃除道具は、すぐ手が届く場所にまとめておきます。冷蔵庫から出したものを置いたり、液垂れや洗剤の飛び散りで床が汚れないようにするため新聞紙を敷いておきましょう。

庫内

❶冷蔵室→❷野菜室→❸冷凍室の順に1ヵ所ずつものを取り出して「空っぽ」にする

庫内すべての食材を出してしまうと、食品が傷んだりとけたりするので、まずは冷蔵室とドアポケットからものを取り出し、掃除が終わったら野菜室などの掃除へ移りましょう。

空にする

1ヵ所ずつ「空」にする
あればクーラーボックス、クーラーバッグを使って。保冷材と一緒に新聞紙で包んでも。

清掃

「細かいところ」から「広いところ」へ
棚板やケースなど外せるパーツは取り、「細かいところ」から取りかかり、仕上げに壁など「広いところ」を清掃します。

出したものを戻す

パーツを取り付け、出したものを戻す
部屋ごとに空にする→清掃→戻すをくり返して、庫内の掃除は終了です。

外側

ホコリ・汚れを取り除いて拭き掃除で仕上げる

天面 ▶ 背面 ▶ パッキン・取っ手 ▶ 側面・前面

高いところから低いところ、細部から広い部分へと行いましょう。

床・すき間

床やすき間の掃除も忘れずに！

冷蔵庫の下、壁とのすき間に入り込んだホコリを取り除き、できるところは掃除機をかけてから、拭き掃除を行います。

| 庫内 | 掃除中に手間取らないように、必要なものはすべてそろえておく |

食品を種類ごと、位置ごとにまとめておけるように、クーラーボックスやバッグ、発泡スチロール箱をいくつか用意しておくと便利。溜め込んでしまった保冷剤も、食品と一緒に新聞紙で包んで使えば掃除中の保冷に役立ちます。

Step 1

空にする 庫内のもの、パーツも外して空にする

保冷容器 ※以下 　　＝洗剤　　　＝道具 で表示。

掃除は、冷蔵室からスタート。中の食材をすべて取り出します。冬でも室内は暖かいので、出した食材の保管にはなるべくクーラーボックスや保冷剤を利用しましょう。

＋ 掃除中の保冷で再稼働もスムーズ

拭き掃除をする程度で30分以内に終わる掃除なら、電源はつけたままでOK。庫内の食材を室内に出して行うと、戻した際に食材を冷やすために電力を多く消費します。電源をつけて行う場合も、出した食材は保冷しておくと傷む心配がなく、戻してからの冷却もスムーズです。

Step 2

パーツの洗浄 外せるパーツはぬるま湯につける

食器洗い用洗剤　**大判ポリ袋**

棚板、ポケットラックなど外せるパーツは取りましょう。シンクに大判のポリ袋（45〜90ℓゴミ袋）を口を広げてセットして、少量の食器洗い用洗剤とぬるま湯を注いでパーツをつけ込みます。10分ほどで汚れが浮いてくるので、スポンジで拭き洗いしてお湯でよくすすぎ、から拭きします。

＋ 野菜室のケースをつけ込みに使っても

野菜は、掃除中の短時間なら室温においても大丈夫。野菜室も空にして、ケースをつけ込みに使っても。パーツをつけ込んでいる間に清掃作業をすすめましょう。

※掃除（P118〜121）で使用する洗剤、道具の詳細はP116〜117を参照してください。

Step 3

次ページ（P120）**庫内の清掃** へ

Step 3 庫内の清掃

庫内は温タオルで拭き掃除

`歯ブラシ` `温タオル`

古歯ブラシを使って、すみに溜まった細かいゴミや汚れを取って、全体を拭き掃除で仕上げます。庫内は冷えて汚れが固まっているので、外せないパーツや壁面の掃除は温タオルが活躍。洗剤を使わなくてもしっかりと汚れが拭き取れます。

＋ しつこい汚れには歯ブラシが便利

奥に入り込んだ小さなゴミは、歯ブラシで掃き出しましょう。温タオルで取れないしつこい汚れも、毛先をカットした歯ブラシなら、毛先を水かお湯で濡らして軽くこするだけで落とせます。

Step 4 出したものを戻す

容器類は底を拭いてから戻す

庫内に液垂れがあったら、入っていた容器の底やまわりも汚れているはず。容器を清潔なふきんで拭いてから戻しましょう。掃除のついでに、カゴやトレーもきれいに洗ってからものを入れ、定位置に戻せば、片づけも同時完了。

外側

高い場所は椅子にのってすみずみまで確認してから掃除スタート

部屋ごとに庫内の清掃が終わったら、入れ忘れたものがないかを確認。電源を切ったときは、ここでスイッチをオンにして、外側の清掃に取りかかります。

高所 → 低所

ホコリと油汚れをしっかり落とす

`オレンジワックス` `曲がるモップ`

掃除は上から下へと行うのが基本。棚の上や天面のホコリは、曲がるモップに吸いつけて取り除きます。

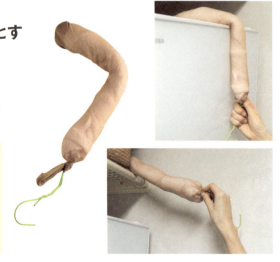

＋ 高い場所の油汚れも見逃さないで

吸気口が天面にある冷蔵庫は、新聞紙を敷いておけないのでホコリと蒸気や油分が混ざった汚れがついてしまうことが。油汚れは、オレンジワックスを含ませたクロスで落とします。

| パッキン ドア まわり | 細かい部分は綿棒、広い部分はクロスを使って |

`無水エタノール` `重曹水` `綿棒` `クロス`

パッキンの内側、取っ手のへこみに入り込んだ汚れは、綿棒でしっかりとかき出して掃除をしましょう。なかなか取れないときは、強くこすらずに無水エタノールをしみ込ませた綿棒を使って。ドアは、重曹水を含ませたクロスで拭きましょう。よく触れるところは念入りに。

＋ エタノール、重曹水の清拭きは不要

揮発性のエタノール、汚れを中和して落とす重曹水は、から拭きや二度拭きは不要です。パッキンの広い面は、ティッシュやキッチンタオルに含ませてウェットティッシュ風に使うのも便利。

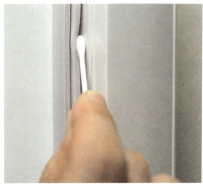

| 床・すき間 | 平モップや掃除機を準備してから、最後の仕上げに！ |

床・すき間掃除を最後にすれば、高所から落ちたホコリもキャッチ。冷蔵庫前の床も食材の汁やクズがこびりついて汚れているので、仕上げにワックスをすれば完璧。

| すき間 冷蔵庫 の下 | 壁との間、冷蔵庫の下にできるすき間に溜まるホコリを除去 |

`平モップ`

冷蔵庫の下もホコリや汚れが溜まる場所です。奥に入り込んだホコリは、掃除機では取り切れないので、カバーパーツを外して、床とのすき間に平モップを差し入れて掃き出しましょう。あとは、床に掃除機をかけて終了。

＋ ふだんの掃除にも平モップが活躍！

冷蔵庫の下は、ハウスダストやゴキブリなどの温床になりやすい場所です。平モップを使えばホコリの除去も簡単。ふだんの掃除でも、平モップで冷蔵庫下のホコリを掃き出しておきましょう。

時間とお金が節約できる「メンテナンス」の効果

冷蔵庫の耐久年数は8～9年といわれていますが、使い方次第で寿命は長くなります。冷蔵庫がしっかり働けるように環境を整えて食の安全を守り、電気のムダ使いも防ぎましょう。

ホントはこわい冷蔵庫の中の「ニオイ」

食品が傷みはじめたことを最初に教えてくれるのは「色」と「ニオイ」。嫌なニオイをやり過ごしていると、最悪の場合、食中毒の原因菌となってしまうことも。ふだんから消臭・脱臭を心がけていれば、ちょっとした異変にもすぐ気づくことができます。

食品の腐敗現象		原因となる微生物	おもな原因食品
変色	微生物の色素が食品に現れる、腐敗による変質の一つ。※カビが発生した場合も含む。	微生物全般	肉加工品、パン・菓子類、惣菜
異臭	腐敗の過程でニオイのある物質が生成される。嫌悪感がある、甘い、アルコールに類似したニオイなどさまざま。	バチルス菌、乳酸菌、酵母	食品全般
ヌメリ粘り	食品の糖から生成された粘り物質（ネト）によるもの、透明で無臭なのが特徴。	乳酸菌	かまぼこ
ヌメリ粘り	食品のタンパク質から生成された場合は、ニオイがあり粘り気が強い。	バチルス菌	肉加工品
カビ発生	劣化による変質が進み、カビが目で確認できるほど生育した状態。	カビ	餅、パン、菓子類

参考資料：『食品微生物学ハンドブック』（好井久雄・金子安之・山口和夫編著／技報堂出版）

使用後のカイロ
使い捨てカイロに使われている「活性炭」のニオイや湿気を吸着する作用は、使用後でも損なわれることなく冷蔵室の脱臭・乾燥に利用できる。

重曹
粉のままビンに入れて、冷蔵室に置けば、消臭と乾燥のW効果が。フタに小穴を開けるか、布をかぶせて輪ゴムで留めておけばこぼれ落ちの心配もなし！

炭
空気の流れにのって上から下へと広がるニオイ。炭は風で水分がとんでしまうと脱臭効果を発揮しづらくなるので、下段奥の風が当たらない場所に。

買い過ぎ防止、家族が使いやすくすることも大切なメンテナンス

「見える・まとめる・取り出せる」収納も、出したものを元に戻せなければ効果半減。ラベルを貼るなどして家族にもわかりやすくする工夫が大切です。必要以上にものを買わない、在庫メモを作るなど、買い物のしかたや在庫管理も、お金と時間の節約につながる冷蔵庫メンテナンスだと考えましょう。

➕ 食品を使い切る買い物のテクニック

何も考えずに買い物に行くと、時間がかかるうえに余分なものを買ってしまいがちです。カートを使わないで、手に持ったカゴの重さを感じることも買い過ぎ防止になりますが、一番の近道は、1ヵ月の食費を決めること。予算内で賄う秘訣は、買い物前の「在庫チェック」「献立作り」「買い物リスト」です。おおまかでも献立を決めておけば買い物がスムーズで、ムダ買いも減らせます。

ムダ使いをSAVE！ 買い物前にしたい3つのこと

 在庫 在庫をチェックしておくと、二重買いが防げ、献立もたてやすい。

 献立 肉や魚といったメイン料理から考え、バランスを見て副菜を考える。

 リスト 2ステップで買い忘れ、買い過ぎを防止。
❶必要な食材をメモする。
❷買う順番を書き添える。

➕ 掃除ついでの温度調節で電気代が安くなる！

冷蔵庫の下、後ろ側は、余裕があるときにホコリをチェックして。ホコリは冷蔵庫の働きを妨げ、放置すると火災の原因になったり、後ろ側の壁に冷蔵庫の放熱によってできる「電気やけ」がひどくなったりします。夏・冬前は、お掃除のついでに温度設定を変えると節電効果が大。在庫管理にもつながるうえ、冷蔵庫を清潔で衛生的に保てるお掃除は、食の安全にも欠かせないメンテナンスです。

冷蔵庫使いこなしQ&A

突然の故障や停電があったときはどう対処したらいいの？

故障の際は、修理してもらうにしても買い換えるにしても時間がかかります。まずプラグを抜いて、庫内の食品はすべてクーラーボックスなど保冷できる容器に避難させておきます。

停電の場合は、復旧までの時間により対処も違ってきます。災害による停電では身の安全を優先。一時的な停電は、開閉を最小限にして庫内の冷気をできるだけ保つようにすれば、3時間以内なら大丈夫。気温の高い時期は、生鮮食品は、加熱調理してその日のうちに使って。停電から6時間以上経過した場合は、生鮮食品は食べないこと、その他の食品も状態を確かめてから使いましょう。

ものをいっぱいに詰め込んだ状態
⬇
半分にした状態

年間電気使用量
43.84kWhの節電
節約効果 約960円

※冷蔵室に詰め込んだ状態と半分にした場合との比較
（財）省エネルギーセンター
2012年資料より

温度設定の調整スイッチを
夏「中」・冬「弱」
に切り替えると

年間電気使用量
61.72kWhの節電
節約効果 約1360円

※周囲温度22℃で切り替えた場合
（財）省エネルギーセンター
2012年資料より

保存&作りおき事典 50音順さくいん

保＝食材の保存方法、解凍方法、調理例など
活＝作りおきおかずのレシピなどの活用方法
他＝その他の活用方法

あ 青じそ（大葉） 保 P78　活 P55

厚揚げ（生揚げ） 保 P100

厚切り肉 保 P92　活 P62

油揚げ 保 P38、P100
　　　活 P51、P59、P61、P63

アボカド 保 P90

い いか 保 P96

イクラ 保 P96

いちご 保 P90

いんげん 保 P44　活 P50

う 薄切り肉 保 P92　活 P41、P64

うずら卵 活 P58

梅干し 保 P36

え えび 保 P96

塩蔵わかめ 保 P36

お おから 保 P100

オクラ 保 P78

おやつ 保 P106

オレンジ 保 P90　他 P116

か 貝（あさり・はまぐり） 保 P97

柿 活 P70

かに風味かまぼこ 保 P99　活 P51

かぶ 保 P78　活 P58、P71

かぼちゃ 保 P44、P79
　　　活 P50、P57

乾燥ひじき 活 P59

缶詰 保 P106

き キウイ 活 P70

絹さや 保 P81

きのこ類 保 P79　活 P50

キムチ 活 P56

キャベツ 保 P36、P45、P79
　　　活 P51、P61、P70、P71

牛肉 保 P92、P93

牛乳 保 P102

牛挽き肉 保 P93　活 P49

124

Index

保存＆作りおき事典 50音順さくいん

きゅうり	保 P80　活 P56、P73	
餃子の皮	保 P104　活 P63	
切り餅	保 P104	
く グリーンアスパラ	保 P80	
	活 P50、P56	
グレープフルーツ	保 P90	
こ ゴーヤー	保 P80　活 P56、P69	
コーン	保 P106　活 P50	
ごはん	保 P104　活 P63、P73	
ごぼう	保 P39、P81　活 P41、P59	
小松菜	保 P87	
	活 P41、P65、P71、P72	
こんにゃく	保 P101　活 P51	
昆布	保 P36　活 P59	
さ 魚・一尾	保 P97	
魚・切り身	保 P97　活 P43	
鮭切り身	保 P38、P97	
	活 P61、P63	
刺身	保 P98　活 P43	
さつまいも	保 P81　活 P57、P71	
し しいたけ	保 P38、P82	
	活 P41、P51、P69、P71	

しめじ	保 P36、P79	
	活 P51、P59、P65	
じゃがいも	保 P82	
	活 P49、P61、P63	
春菊	保 P82	
しょうが	活 P62、P63	
しらす	保 P98	
す スイカ	保 P90　活 P70	
ズッキーニ	保 P83　活 P50、P56	
ステーキ肉	保 P92	
スナップえんどう	保 P81	
スライスチーズ	保 P37、P102	
せ 精米	保 P105	
セロリ	保 P83　活 P71	
そ 惣菜	保 P106	
ソーセージ	保 P38、P95	
	活 P40、P51	
た 大根	保 P38、P65、P83	
	活 P40、P51、P58、P62、P70、P71	
たこ	保 P98	
卵	保 P45、P102、P106	

125

	活 P40、P47、P49、P57、P62、P63、P65、P69、P72、P73		活 P47、P61、P65
玉ねぎ	保 P37	鶏もも肉	保 P95　活 P62
	活 P49、P51、P63、P71	な 長芋	活 P69
たらこ	保 P99	長ねぎ	保 P37、P85
ち チーズ	保 P37、P39、P102		活 P41、P50、P51、P60、P71、P72
	活 P49、P62、P63	なす	保 P85　活 P59、P71、P73
ちくわ	保 P99　活 P51、P72	納豆	保 P101
ちりめんじゃこ	保 P98	生クリーム	保 P103　活 P57
青梗菜(チンゲンツァイ)	保 P84	生麺	保 P105
つ 漬物	保 P107	に 煮干し	保 P36
ツナ水煮缶	保 P106　活 P55	にら	保 P85　活 P51
と 豆腐	保 P101　活 P60	にんじん	保 P39、P86
豆苗	保 P37、P84		活 P40、P49、P50、P55、P59、P63、P69、P70、P71
トマト	保 P84		
	活 P55、P62、P71	ね 練り製品	保 P99
鶏ささみ	保 P93	は ハーブ類	保 P86
鶏手羽先・手羽元	保 P94	白菜	保 P39、P86　活 P41、P50
鶏肉	保 P93、P94、P95	パセリ	保 P86　活 P71
鶏挽き肉	保 P38、P94	バター	保 P37、P103　活 P57、P69
	活 P41、P63	バナナ	保 P91
鶏むね肉	保 P45、P94		

	パプリカ	保 P37、P87
		活 P50、P51、P55、P57、P72
	ハム	保 P95　活 P51
	パン	保 P105　活 P47、P62
	万能ねぎ	保 P39
		活 P40、P61、P73
	ハンバーグだね	保 P107　活 P62
ひ	ピーマン	保 P37、P87　活 P50、P69
	挽き肉	保 P93　活 P47、P49
	ピザ用チーズ	保 P39、P102
		活 P49
	干物	保 P99
ふ	豚薄切り肉	保 P39、P92
		活 P41、P49、P60、P64
	豚肉	保 P92、P93
	豚挽き肉	保 P93　活 P72
	ぶどう	保 P91　活 P70
	ブロック肉	保 P93
	ブロッコリー	保 P46、P87
		活 P50、P64、P70、P71
へ	ベーコン	保 P95　活 P51、P65
ほ	ほうれんそう	保 P39、P46、P87
	干ししいたけ	保 P36
み	みかん	活 P70
	水菜	保 P88
	三つ葉	保 P88
	ミニトマト	保 P39　活 P40、P55
	みょうが	保 P88　活 P64
め	メロン	保 P91　活 P70
	明太子	保 P99　活 P58
も	桃	活 P70
	もやし	保 P46、P89
ゆ	ゆで麺	保 P105
よ	洋菓子	保 P107
	ヨーグルト	保 P103　活 P57、P70
り	りんご	活 P57、P58、P70
れ	レーズン	活 P57
	レタス	保 P89
	レモン	保 P91　活 P63　他 P116
	れんこん	保 P89　活 P58、P69
わ	和菓子	保 P107
	わかめ	活 P51、P72

Index

保存＆作りおき事典　50音順さくいん

島本美由紀
しまもと・みゆき

料理研究家。ラク家事アドバイザー。
手軽に作れるおいしいレシピを考案。料理だけにとどまらず、家事全般のラク（楽しくカンタン）を追求する「ラク家事アドバイザー」としても活動。冷蔵庫と食品保存のスペシャリストとして、調理の時短テクニックや整理収納アドバイザーの資格も活かした片づけ方法などを紹介。実用的なアイデアが好評を得て、テレビや雑誌を中心に幅広く活躍中。『冷蔵庫超片づけ術』（双葉社）、『おもわず自慢したくなる料理のラクワザ333』（河出書房新社）、『冷蔵庫を片づけると時間とお金が10倍になる！』（講談社＋α文庫）、『ひと目でわかる！ 食品保存事典　簡単！ 長持ち！ 節約！』（講談社）など、著書多数。

撮影	椎野 充（講談社写真部）
イラスト	伊藤ハムスター
装丁	村沢尚美（NAOMI DESIGN AGENCY）
本文デザイン	片柳綾子、田畑知香、原 由香里（DNPメディア・アート OSC）
編集協力	稲田智子

講談社の実用BOOK
ひと目でわかる！　冷蔵庫で保存・作りおき事典

2017年 5月24日　第1刷発行
2018年 9月13日　第3刷発行

著　者　島本美由紀
　　　　©Miyuki Shimamoto 2017, Printed in Japan
発行者　渡瀬昌彦
発行所　株式会社　講談社
　　　　〒112-8001　東京都文京区音羽2-12-21
　　　　編集　☎03-5395-3529
　　　　販売　☎03-5395-4415
　　　　業務　☎03-5395-3615
印刷所　大日本印刷株式会社
製本所　株式会社若林製本工場

落丁本・乱丁本は、購入書店名を明記のうえ、小社業務あてにお送りください。
送料小社負担にてお取り替えいたします。
なお、この本についてのお問い合わせは、生活文化あてにお願いいたします。
本書のコピー、スキャン、デジタル化等の無断複製は、著作権法上での例外を除き禁じられています。
本書を代行業者等の第三者に依頼してスキャンやデジタル化することは、
たとえ個人や家庭内の利用でも著作権法違反です。
定価はカバーに表示してあります。

ISBN978-4-06-299874-1